f

Britta Kienle

Kartenlegen leicht erlernbar

nach Art der Madame Lenormand

Der große Selbstlernkurs
Lehrbuch II Aufbaukurs

Einfach und schnell
zum professionellen Kartenlegen

BriKa

Herstellung:
Books on Demand GmbH, Norderstedt

ISBN: 978-3-936568-32-5

www.brika-verlag.de
Brigitte Kienle

Der große Selbstlernkurs

nach Art der Madame Lenormand
Lehrbuch I Grundkurs
Lehrbuch II Aufbaukurs
Lehrbuch III Fortgeschrittener Kurs
Einfach und schnell zum professionellen Kartenlegen
Schritt für Schritt
Lehrbüchern I-IV in drei Bänden überarbeitet und erweitert

Ein begleitendes Übungsbuch ist ebenfalls erhältlich.

Das große Übungsbuch

nach Art der Madame Lenormand
Einfach und schnell zum professionellen Kartenlegen
Schritt für Schritt
Die darin enthaltenen Übungen eignen sich zur Vertiefung der Übungen des großen Selbstlernkurses (Grundkurs, Aufbaukurs, Fortgeschrittener Kurs)
Das große Übungsbuch kann zu all meinen Lehrbüchern begleitend eingesetzt werden.
Zum Kompaktkurs, Fernkurs, zu den Lehrbüchern, sowie zu meinen Seminaren.

www.kartenlegekurse.de:
Britta Kienle Telefon: 0711 316 7200

Das große Kartenbild (Tableau) nach Madame Lenormand

Inhalt: Lehrbuch II Aufbaukurs

Lehrbuch II Aufbaukurs

Nachdem wir die Karten
der Madame Lenormand nun in ihren
Grundbedeutungen kennen gelernt, verinnerlicht
und bereits im kleinen Rahmen
miteinander verbunden haben,
werden wir dieses Grundwissen
im folgenden Aufbaukurs vertiefen und erweitern.

In den nachstehenden Kapiteln lernen Sie
die so genannten Negativ-Karten,
einige Kombinationen,
den Momentan Zustand,
die Vergangenheit , die Zukunft und die Zeitkarten,
das Vor und Zurücklesen (Lernaufgaben)
sowie die waagrechten Deutungslinien
im Tableau kennen.

Mit Hilfe der Deutungslinien
und der Zukunftskarten werden wir dann
gemeinsam einen ersten Blick
in die Vergangenheit,
die Gegenwart und die Zukunft werfen.

Negativ-Karten

So unangenehm es auch klingen mag, eine Negativ-Karte weist immer auf mögliche Gefahren hin!

Dabei muss diese Notlage keinesfalls auf der Stelle eintreten, sie ist jedoch fest mit der Situation verbunden, die in den Karten dargestellt wird.

Tipp:
Achten Sie auf die umliegenden Karten (z.B. Klee - es geht glücklich aus -) und verstehen Sie **Negativ- Karten** eher als Warnung, besonders genau auf mögliche Gefahren zu achten.

Sie wissen ja bereits:
Das Schicksal eines Menschen ist nicht unabwendbar.
Es liegt in unserer eigenen Hand, ob und inwieweit wir es herausfordern möchten.
Warnen uns die Karten beispielsweise vor einem Geldverlust, so sollten wir unsere finanziellen Angelegenheiten besonders gut im Auge behalten und Geschäfte, die möglicherweise Risiken in sich bergen könnten, erst nach gründlicher Überprüfung tätigen.

Wichtig:
Lassen Sie sich von den Negativ-Karten trotz allem nicht unnötig erschrecken!

Auch eine Krankheitskarte bedeutet nicht zwangsläufig, dass Sie an der dargestellten Schwäche erkranken werden, sondern legt Ihnen lediglich nahe, in diesem Bereich besser auf Ihre Gesundheit zu achten. Eine Warnung sollte immer als eine Hilfe verstanden werden!

Im Grundsatz sind Ihnen die unangenehmen Bedeutungen der folgenden Negativ-Karten bereits aus dem ersten Band bekannt.

Ich werde bei den Beispielen in diesem Kapitel hingegen immer wieder einige fest stehende Kartenverbindungen erwähnen.

Wundern Sie sich also nicht unnötig über die Ihnen noch unbekannten Kombinationen, sondern versuchen Sie, diese Deutungen nachzuvollziehen und zu verstehen, weshalb bestimmte Karten in Verbindung miteinander die genannte Bedeutung aufweisen.

So wird Ihnen später auch das Erlernen der Kombinationen leichter von der Hand gehen.

Negativ-Karten - Allgemeinbedeutungen

Nr. 8 Sarg
Gesundheit
Krankheiten

Nr. 11 Rute
Streit, Verdruss
Ärger

Nr. 12 Vögel
Kleiner Kummer
vorübergehend

Nr. 23 Ratte
Verluste
Ängste
Krankheiten

Einige Hinweise zum Umgang mit den so genannten Negativ-Karten:

Wie Ihnen bekannt ist, weist Ihr Lenormand-Kartendeck also insgesamt vier Karten auf, denen im Allgemeinen eine ausgesprochen unangenehme Bedeutung zugewiesen wird.
Diese Karten deuten auf Verluste, Ärger, Unannehmlichkeiten und Krankheiten hin.

Noch ist allerdings nichts verloren.

Tatsächlich liegt es zu jeder Zeit in unserer Hand, welchen Weg wir einschlagen und inwiefern wir uns bemühen können, alles noch einmal zum Guten zu wenden.

Beachten Sie bitte auch, wie schnell man unangenehme Bemerkungen in den falschen Hals bekommen kann, und achten Sie daher gerade bei unangenehmen Mitteilungen besonders gut auf die Wahl Ihrer Worte!
Treffen Sie also niemals leichtfertig oder unüberlegt eine negative Aussage, durch die letzten Endes größerer Schaden entstehen kann.

Weisen Sie die Menschen, für die Sie gerade die Karten legen lediglich auf die bestehende Gefahr hin und geben Sie gleichzeitig den Rat, mit Umsicht und Bedacht vorzugehen.

Übungen mit den negativen Karten

Lassen Sie uns zunächst mit der Karte **Nr. 12 Vögel** üben:

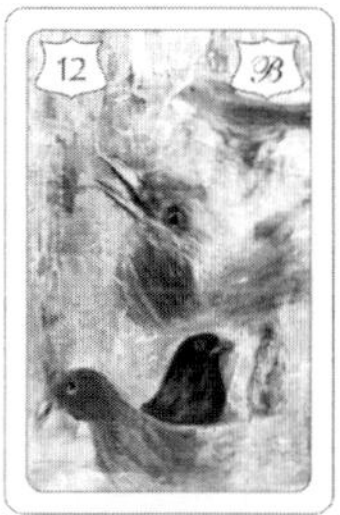

Nr. 12 Vögel
Kleiner Kummer
vorübergehend

Achtung:
Wir erinnern uns: Diese Karte sagt uns auch, dass man sich **Be**mühen muss.

Nr. 29 Frau + Nr. 12 Vögel
➢ *Diese Frau hat Kummer.*

Rat: diese Frau sollte sich bemühen

Nr. 29 Frau + Nr. 12 Vögel + Nr.2 Klee
➢ *Diese Frau hat Kummer, der jedoch wieder vergeht. (da Nr.2 eine positive Karte ist).*

Hinweis:
Anhand dieses Beispiels können Sie gut erkennen, dass eine negative Lage durchaus mit einem positiven Ergebnis enden kann.

Verzweifeln Sie daher nicht, wenn Sie eine der Negativ-Karten ziehen, sondern bemühen Sie sich um einen glücklichen Ausgang der Situation!

Übungsaufgaben:

Nr. 13 Kind + Nr. 12 Vögel + Nr. 18 Hund

....

Nr. 15 Bär + Nr.12 Vögel + Nr. 21 Berg + Nr. 6 Wolken

....

Meine Lösungsvorschläge

in meinen Worten als mögliche Deutung

Nr. 13 Kind + Nr. 12 Vögel + Nr. 18 Hund

- Dieses Kind (Mädchen / junge Frau) hat Kummer mit einem anderen Kind (jungen Mann).

Nr. 15 Bär + Nr.12 Vögel + Nr. 21 Berg + Nr. 6 Wolken

- Dieser ältere Herr fühlt sich vollkommen überfordert.

Kummer und Hindernisse werden sich jedoch wieder auflösen.

Oder:

- Dieser ältere Herr sollte sich darum bemühen, die Hindernisse und Missverständnisse aus dem Weg zu räumen.

Nun üben wir mit der Karte **Nr. 11 Rute**!

Nr. 11 Rute
Streit, Verdruss
Ärger

Nr. 7 Schlange + Nr. 11 Rute + Nr. 19 Turm

- *Diese Frau (Nr. 7 ist eine Personenkarte) hat mit Unfrieden bei der Arbeit zu kämpfen.*

Nr. 7 Schlange + Nr. 11 Rute + Nr. 19 Turm + Nr. 17 Storch

- *Diese Frau hat mit Unfrieden bei der Arbeit zu kämpfen. Danach wird es in ihrem Leben eine Veränderung geben. (Die folgende Karte zeigt an, was genau sich dabei verändern wird).*

Übungen:

Nr. 28 Mann + Nr. 11 Rute + Nr. 18 Hund

....

Nr. 29 Frau + Nr. 11 Rute + Nr. 28 Mann + Nr. 2 Klee

....

Bitte interpretieren Sie die Kartenreihe

Bitte interpretieren Sie die Kartenreihe

Meine Lösungsvorschläge

in meinen Worten als mögliche Deutung

Nr. 28 Mann + Nr. 11 Rute + Nr. 18 Hund

- Dieser Mann hat Streit mit einem jüngeren Herrn.

Nr. 29 Frau + Nr. 11 Rute + Nr. 28 Mann + Nr. 2 Klee

- Der Streit zwischen dieser Frau und ihrem Partner wird ein glückliches Ende finden.

- Dieser ältere Herr führt Streitgespräche mit einer Arbeitskollegin.

- Dieser ältere Herr führt ein Streitgespräch mit einer Frau (möglicherweise seiner Ehefrau. Genaueres können wir nicht aussagen, da keine Ringkarte liegt).
  Dieses Gespräch dreht sich um das liebe Geld.

Beispiele zu den Karten **Nr. 8 Sarg und Nr. 23 Ratte**:

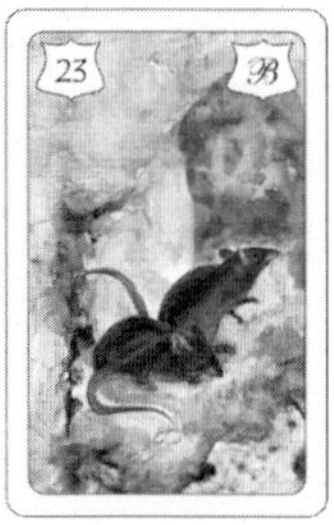

Nr. 23 Ratte
Verluste
Ängste
Krankheiten

Nr. 8 Sarg
Gesundheit
Krankheiten

Nr. 29 Frau + Nr. 8 Sarg

- *Diese Frau ist krank.*

Nr. 13 Kind + Nr. 8 Sarg + Nr. 23 Ratte

- *Dieses Kind leidet unter Magen- und Darmproblemen.*

Tipp:
Ratten nagen alles an, daher stehen sie in dieser Beziehung auch für das Verdauungssystem!

Versuchen Sie nun einmal selbst mit den vier Negativ-Karten zu arbeiten!

Nr. 13 Kind + Nr. 11 Rute + Nr. 18 Hund

....

Nr. 15 Bär + Nr. 23 Ratte + Nr. 21 Berg + Nr. 6 Wolken

....

Nr. 28 Mann + Nr. 12 Vögel + Nr. 11 Rute + Nr. 29 Frau + Nr. 22 Wege

....

Eine besondere Übung zur Schulung Ihrer Interpretationsfähigkeit:

Die folgende Übung ist bereits etwas anspruchsvoller als die vorangehenden, da es sich um eine Kombination handelt.
Bitte versuchen Sie nun einmal, diese Kombination selbst zu erarbeiten und nachzuvollziehen:

Nr. 29 Frau + Nr. 16 Sterne + Nr. 8 Sarg

....

Tipp:
Machen Sie sich die Bedeutung der einzelnen Karten klar:
Die Sterne stehen für unsere Seele, unsere Sehnsüchte.

Sind diese Aspekte unseres Lebens erkrankt, **leidet** also unsere **Seele**, so handelt es sich bei dieser Krankheit um eine **Depression**!

Meine Lösungsvorschläge

in meinen Worten als mögliche Deutung

Nr. 13 Kind + Nr. 11 Rute + Nr. 18 Hund
- *Dieses Kind hat Streit mit einem Freund (jungen Mann).*

Nr. 15 Bär + Nr. 23 Ratte + Nr. 21 Berg + Nr. 6 Wolken
- *Ein älterer Herr wird mit Kummer und Belastungen zu kämpfen haben, die sich jedoch wieder auflösen werden.*

Nr. 28 Mann + Nr. 12 Vögel + Nr. 11 Rute + Nr. 29 Frau + Nr. 22 Wege
- *Dieser Mann hat Kummer und Streit mit seiner Partnerin. Möglicherweise werden sich die Partner daraufhin trennen.*

Nr. 29 Frau + Nr. 16 Sterne + Nr. 8 Sarg
- *Diese Frau leidet unter einer Depression.*

Ihre Notizen zu diesem Kapitel

Was habe ich in diesem Kapitel gelernt?

....

....

Mit welcher Negativ-Karte hatte ich noch Schwierigkeiten?

....

....

Mit welcher Negativ-Karte habe ich Probleme bei der Deutung im Zusammenhang mit anderen Karten?

....

....

In welchem Kapitel sollte ich nochmals nachlesen?

....

....

Brittas Tipp:

Weitere Übungen zu den „Negativ-Karten“ finden Sie im begleitenden Übungsbuch.

Weitere wichtige Kombinationen
Was sind Kombinationen?

Zur Erinnerung:
Wie Sie aus dem bisher Gelernten wissen, deuten Sie ein Kartenbild normalerweise der Reihe nach Karte für Karte.
Dabei werden die einzelnen Aussagen der jeweiligen Karten zu einer sinnvollen Interpretation zusammengefasst.

❖ *Zwei, drei, zuweilen auch mehrere Karten können aber auch gemeinsam für eine bestimmte Aussage stehen. Diese Kartenkonstellationen bezeichnet man als Kombinationen.*

Bei der Interpretation der Kombinationen können die Karten sowohl in waagrechter als auch in senkrechter, oder aber in diagonaler Reihenfolge liegen.

Manche Kombinationen, wie etwa das nachfolgende Beispiel, können mit etwas Intuition ohne größere Schwierigkeiten erkannt werden.

Andere sind allerdings schon etwas schwieriger zu verstehen. Hier muss manchmal ein wenig „um die Ecke gedacht" werden.

Tipp:
So lernen Sie die Kombinationen im Handumdrehen kennen und verstehen:
Versuchen Sie, die Kombinationen nachzuvollziehen.
Stellen Sie sich die Aussagen und Symbole am besten bildlich vor.
So haben Störche beispielsweise sehr lange Beine.
Krankheitskarten in Verbindung mit der Storchkarte beziehen sich daher auch auf Beine und Venen.

Kombinationen sind sehr wichtig!
Bitte lernen Sie diese gut, da sich sonst Abweichungen in der Bedeutung und andere Fehler einschleichen können!

Einige Ringkombinationen

→ Ring = Ehe, Partnerschaft, Verträge

Nr. 29 Frau **Nr. 25 Ring** **Nr. 23 Ratte**	*Sie leidet in der Ehe.*
Nr. 28 Mann **Nr. 25 Ring** **Nr. 23 Ratte**	*Er leidet in der Ehe.*
Nr. 25 Ring **Nr. 22 Wege**	*Trennung oder getrennte Wege*
Nr. 25 Ring **Nr. 17 Storch**	*Veränderung in der Ehe*
Nr. 5 Baum **Nr. 25 Ring**	*Man erlebt noch eine neue Partnerschaft.*
Nr. 27 Brief **Nr. 25 Ring** **Nr. 9 Blumen**	*Heiratsantrag*

Übungen zu den Kombinationen:

Wichtig:
Beachten Sie bei Ihrer Deutung immer gleich den weiteren Verlauf der Kartenreihe und beziehen Sie diesen in Ihre Deutung mit ein!

Beispiel:

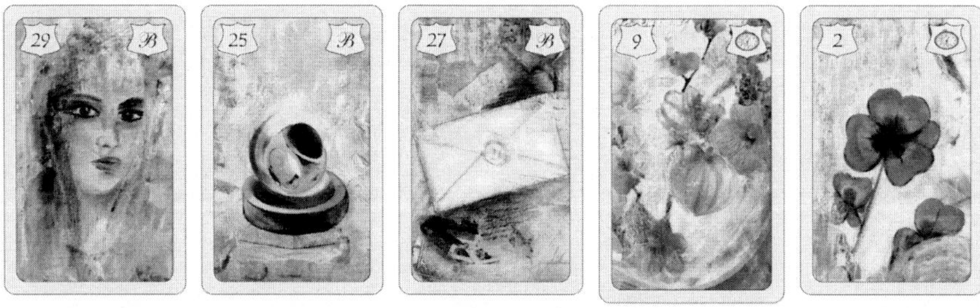

- Diese Frau wird einen Heiratsantrag bekommen.
- Sie ist sehr glücklich über dieses Ereignis.
- (oder: Sie bekommt einen Heiratsantrag und daraufhin wird dann alles gut werden)

aber:

- Diese Frau wird einen Heiratsantrag bekommen.
- Sie wird oder sollte ihn allerdings ablehnen, da die Ratten auf einen negativen Ausgang hinweisen.

Übungsblatt Kombinationsmöglichkeiten
waagrecht

	Nr. 25 Ring	→	→	→	→	→	**Nr. 10 Sense**

Hier erkennen Sie in der Waagrechten, dass **Ring** und **Sense** etwas entfernt voneinander liegen. Was *zwischen* dem **Ring** und der **Sense** liegt, ist demnach besonders zu beachten.

Dort liegen eventuell Möglichkeiten, mit deren Hilfe man die drohende Scheidung noch verhindern könnte.

Übungsblatt Kombinationsmöglichkeit
senkrecht

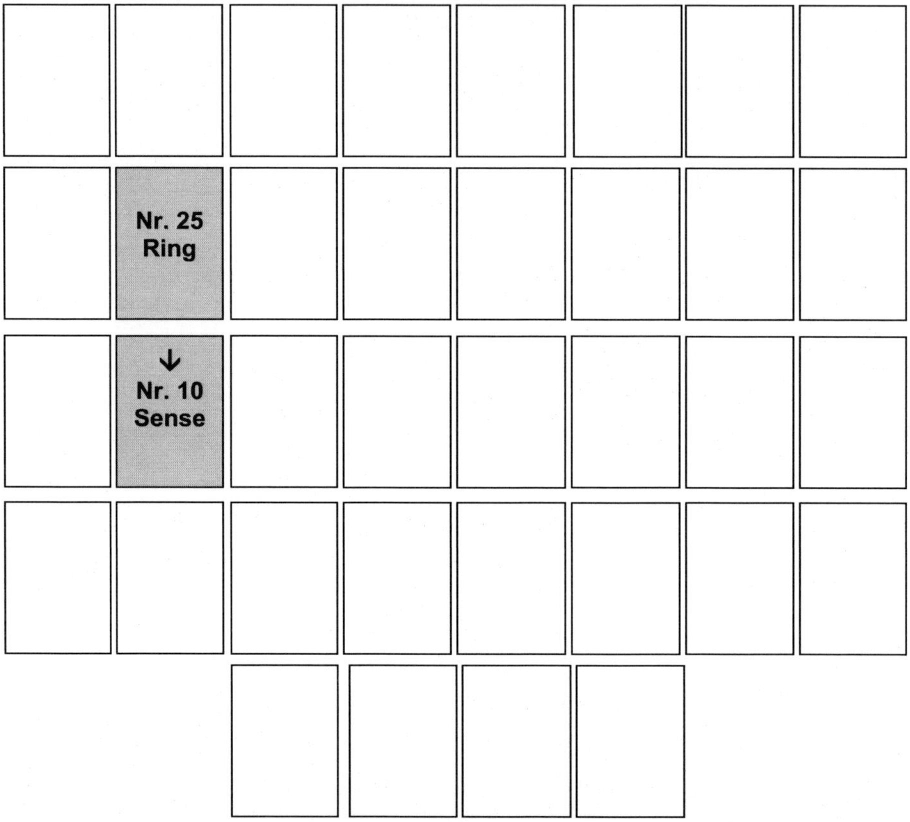

In der senkrechten Deutungslinie liegen **Ring-** und **Sensenkarte** direkt untereinander.
Das heißt: Man lebt bereits in Scheidung oder sie kommt.
Welche der beiden Möglichkeiten zutreffend ist, zeigen die umliegenden Karten.
Beachten Sie ebenfalls die Karten, die um die beiden wichtigsten Personenkarten **Nr. 29 Frau** und **Nr. 28 Mann** herum liegen.
Bitte vergessen Sie beim Deuten niemals, das Umfeld aller wichtigen Karten zu beachten.

Übungsblatt Kombinationsmöglichkeit
diagonal

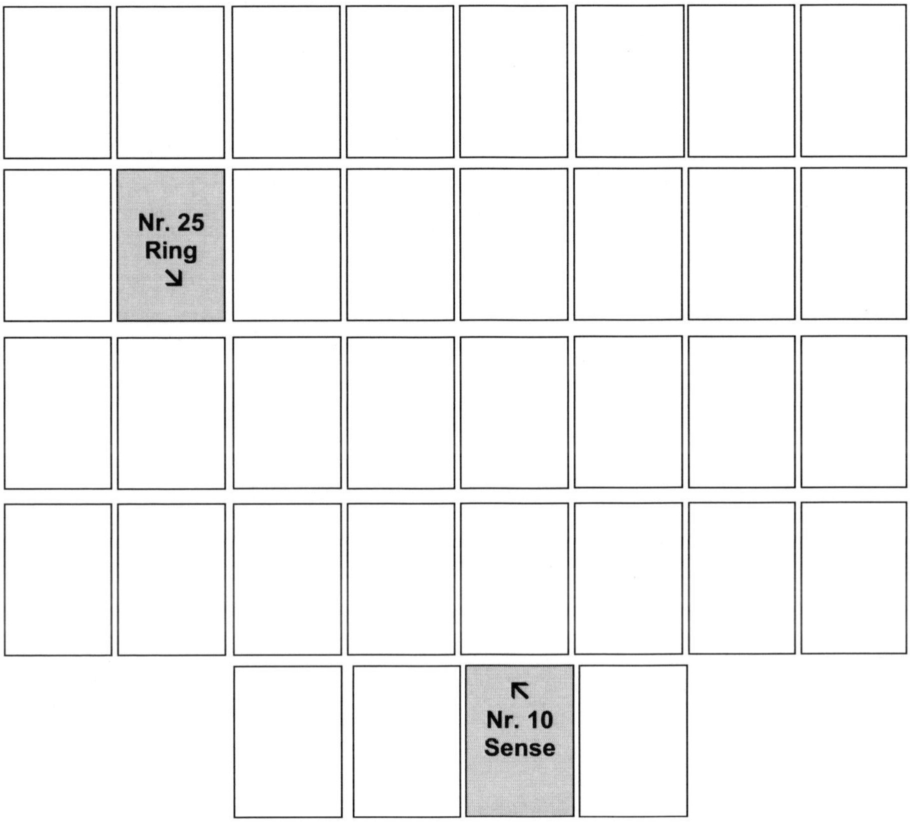

Diesmal haben wir es nun mit einer diagonalen Deutungslinie zu tun.
Diese Linien zeigen Möglichkeiten auf und sind weniger definitiv als die senkrechten oder waagrechten Kartenreihen.
Beachten Sie auch hier die Karten, die *zwischen* **Ring** und **Sense** liegen und uns Aufschluss darüber geben können, weshalb es immer wieder von neuem zu einer solch unschönen Entwicklung kommt.

Weitere Kombinationen:

Im Folgenden möchte ich Ihnen noch eine Reihe weiterer interessanter und wichtiger Kombinationen vorstellen, die Sie sich ebenfalls gut einprägen sollten.

Betrachten Sie die jeweiligen Deutungslinien bitte stets genau und versichern Sie sich, dass keine der wichtigen Kombinationen übersehen werden.

So erhalten Sie eine klare und ausführliche Aussage aus Ihrem Kartenbild.

Die nun folgenden Kombinationen mit der Turmkarte beziehen sich allesamt auf das Thema Arbeit.

Turmkombinationen
→ Turm = Arbeit

Nr. 19 Turm Nr. 27 Brief Nr. 24 Herz	*Bewerbung oder Beförderung*
Nr. 19 Turm Nr. 10 Sense	*Die Arbeit wird beendet*
Personenkarte Nr. 19 Turm Nr. 14 Fuchs Nr. 3 Schiff	*Die Person drückt sich vor der Arbeit*
Nr. 19 Turm Nr. 16 Sterne	*Wahrsagen, Astrologie, auch Musiker, Künstler*
Nr. 19 Turm Nr. 11 Rute Nr. 15 Bär	*Rechtsanwalt*
Nr. 19 Turm Nr. 20 Garten (Park) Nr. 11 Rute Nr. 15 Bär	*Richter*

Übungen zu den Kombinationen:

Auch hier gilt wieder der Grundsatz: Beachten Sie bei Ihrer Deutung neben den Kombinationen bitte auch gleich den weiteren Verlauf der Kartenreihe und beziehen Sie diese Informationen in Ihre Deutung mit ein!

Beispiel:

- Dieser Mann arbeitet im esoterischen Bereich.
- Diese Tätigkeit übt er erfolgreich in seinem Zuhause aus.

aber:

- Dieser Mann arbeitet im esoterischen Bereich.
- Auch er arbeitet zuhause, hat jedoch leider keinen Erfolg bei seiner Tätigkeit.

aber:

- Dieser Mann arbeitet im esoterischen Bereich.
- Bei dieser Reihenfolge erkennen wir allerdings, dass der Erfolg durch das häusliche Umfeld gestört wird.

Lassen Sie uns noch einmal näher auf dieses Reihe eingehen:

1. wir sehen den beruflichen Erfolg
2. wir sehen den sonnigen Wohnbereich
3. wir sehen auch, dass im Wohnbereich etwas nicht stimmt.

Wir können nun also vermuten, dass eventuelle berufliche Schwierigkeiten auch auf die Atmosphäre in seinem Zuhause zurückzuführen sind.
Hier müsste nun also etwas unternommen werden.
Worum genau es sich handelt, können wir aus dieser Kartenreihe nicht ersehen. Möglicherweise würde es bereits genügen, den Arbeitsraum umzugestalten oder zu wechseln.

Beachten Sie bitte:
Als Kartenleger führen wir Beratungen durch.
Wir können also bestenfalls versuchen, gemeinsam mit dem Kunden zu ergründen, worin die Ursache eventueller Probleme besteht, und abschließend ein paar gute Ratschläge mit auf den Weg geben.
Ob und inwiefern er diese Ratschläge auch annimmt, bleibt allerdings jedem Kunden selbst überlassen.

Fischekombinationen
→ Fische = Geld

Nr. 34 Fische **Nr. 6 Wolken**	*Geld fließt weg* *Achten Sie auf Ihr Geld!*
Personenkarte **Nr. 34 Fische** **Nr. 8 Sarg** **Nr. 23 Ratte**	 *Aufpassen, sonst geht eventuell* *eine Erbschaft verloren!*
Nr. 9 Blumenstrauß **Nr. 34 Fische**	*Gewinn* *Glück im Umgang mit Geld*
Nr. 23 Ratte **Nr. 34 Fische** **Nr. 11 Rute** **Nr. 33 Schlüssel**	*Ärger aufgrund großer* *Zahlungsschwierigkeiten*
Nr. 27 Brief **Nr. 34 Fische** **Nr. 23 Ratte**	*Vorsicht mit Verträgen,* *sonst drohen Verluste!*

Herzkombinationen
→ Herz = Liebe

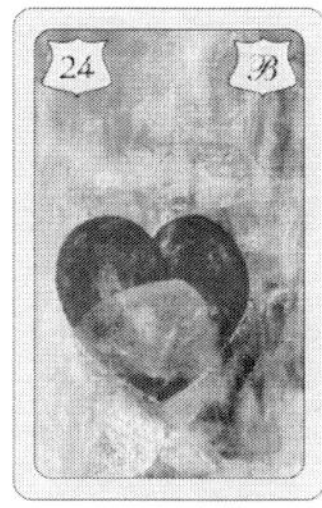

Nr. 24 Herz **Nr. 23 Ratte**	*Liebeskummer*

aber:

Nr. 23 Ratte **Nr. 24 Herz**	*Nach Enttäuschung wieder Liebe* ***oder :*** *Angst vor der Liebe*
Nr. 28 Mann **Nr. 24 Herz** **Nr. 11 Rute**	*Dieser Mann streitet, ist eifersüchtig*
Nr. 15 Bär (Nr. 18 Hund) **Nr. 24 Herz** **Nr. 33 Schlüssel**	*Geliebter von Nr. 29*
Nr. 24 Herz **Nr. 14 Fuchs** **Nr. 23 Ratte**	*Man wird in der Liebe betrogen und hintergangen*

Nr. 34 Fische **Nr. 24 Herz** **Nr. 23 Ratte**	*Man wird in der Liebe ausgenützt (materiell)*
Nr. 24 Herz **Nr. 6 Wolken** **Nr. 14 Fuchs**	*Unklarheiten und Unwahrheiten in der Liebe*
Nr. 28 Mann **Nr. 24 Herz** **Nr. 13 Kind** **Nr. 33 Schlüssel**	*Intensive Liebe mit der jüngeren Geliebten des Mannes*
Nr. 28 Mann **Nr. 24 Herz** **Nr. 11 Rute**	*dieser Mann streitet und ist eifersüchtig*
Nr. 24 Herz **Nr. 6 Wolken** **Nr. 12 Vögel** **Nr. 9 Blumen**	*Diese Liebe ist unklar und verwirrend, man muss sich sehr bemühen, danach kommt das große Glück*
Nr. 35 Anker **Nr. 24 Herz** **Nr. 32 Mond**	*Eine tiefe und länger andauernde gefühlsvolle Liebe*
PK (z.B. Nr. 15, Nr.18 usw.) **Nr. 35 Anker** **Nr. 24 Herz** **Nr. 32 Mond**	*Karmische, tiefe und gefühlsvolle Liebe*

Sonstige Kombinationen

Nr. 17 Storch	
Nr. 33 Schlüssel	
Nr. 11 Rute	
Nr. 8 Sarg	*Vorsicht beim Autofahren!*

Nr. 17 Storch	
Nr. 30 Lilie	*Schwangerschaft*
Nr. 13 Kind	
Nr. 33 Schlüssel	

Nr. 11 Rute	*Strafzettel oder Brief*
Nr. 20 Park	*von einem Amt*
Nr. 27 Brief	

Nr. 10 Sense	*Vorsicht! Diebstahl*
Nr. 11 Rute	*oder Einbruch.*
Nr. 14 Fuchs	*Hier geht etwas verloren.*
Nr. 23 Ratte	

Nr. 20 Garten (Park)	*Krankenhaus*
Nr. 19 Turm	
Nr. 8 Sarg	

Nr. 20 Garten (Park)	*Kur*
Nr. 19 Turm	

Ihre Notizen zu diesem Kapitel

☝ Was habe ich in diesem Kapitel gelernt?

....

....

☞ Mit welchen Kombinationen hatte ich noch Schwierigkeiten?

....

....

📖 In welchem Kapitel sollte ich nochmals nachlesen?

....

....

✎ Welche Übungen sollte ich nochmals schriftlich machen?

....

....

Brittas Tipp: ☜

Weitere Übungen zu Kombinationen finden Sie im begleitenden Übungsbuch .
Wünschen Sie weitere Kombinationen, so empfehle ich Ihnen das Buch
„Kombinationen auf einem Blick“

Momentan-Zustand

Nun üben wir den
Momentan-Zustand und die nahe Zukunft

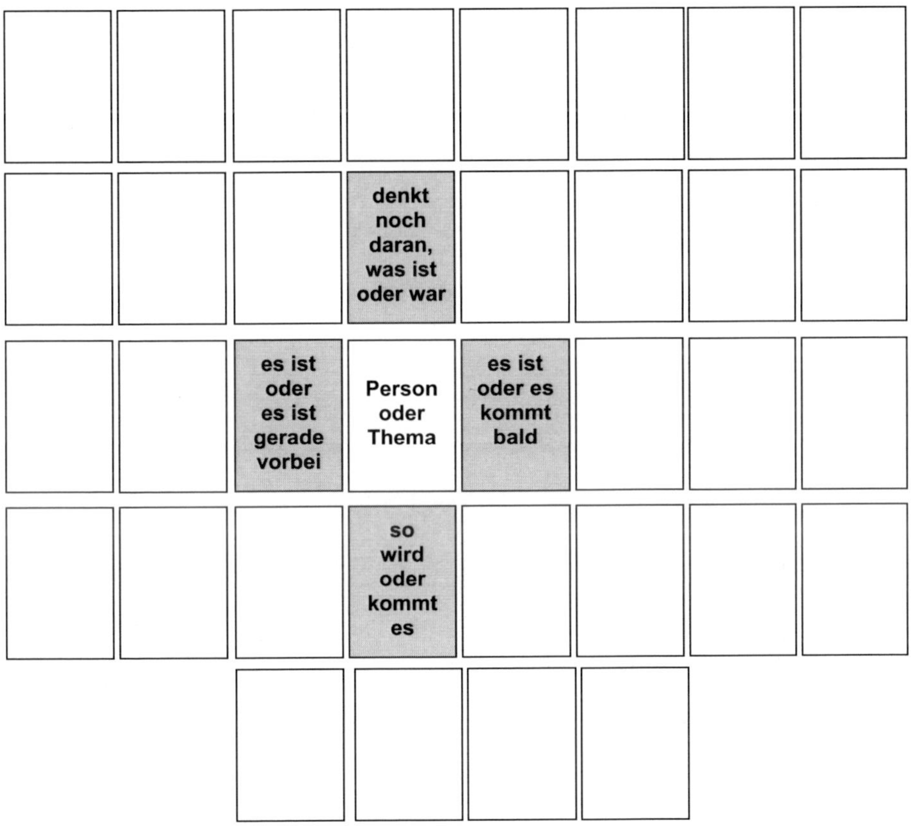

Auf den nachfolgen Seiten werden wir diese interessante Betrachtungsweise anhand einiger Beispiele erläutern.

In der Grafik auf der vorangehenden Seite erkennen wir bereits, wie wir einen so genannten **Momentan-Zustand** innerhalb eines großen Kartenbildes suchen und ausfindig machen können. Selbstverständlich lässt sich diese Legeweise jedoch auch ohne das dazugehörige Tableau auslegen.

In diesem Fall suchen Sie sich die Themenkarte, die Sie augenblicklich am stärksten interessiert und legen diese in die Mitte (1). Die übrigen 4 Karten legen Sie in der unten gezeigten Reihenfolge (2 – 5) um die Themenkarte herum.

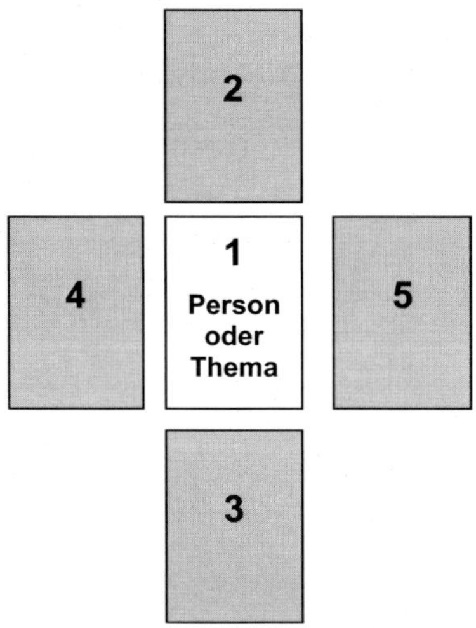

Bei der Interpretation des Momentan-Zustandes handelt es sich um eine Art Kurzdeutung, mit deren Hilfe wir jedoch bereits eine ganze Menge über die augenblickliche Lage einer Person, sowie kommende, also zukünftige, Entwicklungen erfahren können.

Machen Sie sich bitte keine Sorgen darüber, dass Sie unter Umständen beunruhigende Dinge aus Ihrer Zukunft entdecken könnten.

Ein Blick auf kommende Ereignisse stellt keinesfalls unumgängliche Tatsachen oder unausweichliche Entwicklungen dar.

Vielmehr zeigt diese Art der Einsicht mögliche Entwicklungen oder Auswirkungen auf, die eintreten könnten, sofern wir nichts unternehmen, um ihr Entstehen von vorneherein zu verhindern.

Bei zukünftigen Ereignissen handelt es sich lediglich um die Auswirkungen gegenwärtiger Ereignisse und Handlungen.

Unsere Zukunft ist ein Samenkorn für unser weiteres Leben, das wir in unserer Hand halten.

Ob wir dieses nun pflegen und zum Blühen bringen, oder es aber achtlos fallen und verdorren lassen, liegt ganz in unserer eigenen Macht.

Momentan-Zustand

Vorlage 1:

Betrachten Sie bitte die Vorlage 1, so dass Sie die einzelnen Schritte gleich nachvollziehen können.

Legen Sie nun

1.	in die Mitte	Nr. 28 Mann oder Nr. 29 Frau	
2.	Darüber die	Nr. 24 Herz	**Liebe**.
3.	Links von der Person die	Nr. 12 Vögel	**Kummer**.
4.	Rechts von der Person die	Nr. 6 Wolken	**Unklarheiten**.
5.	Unterhalb der Person die	Nr. 2 Klee	**kleines Glück.**

Nun verbinden wir diese Konstellationen im Zusammenhang:

1. Es geht um Nr. 28 Mann oder Nr. 29 Frau.
2. Die Person denkt an die **Liebe.**
3. Vor kurzem hatte sie **Kummer.**
4. Im Augenblick gibt es noch **Unklarheiten.**
5. Es wird aber alles **gut** werden.

In der folgenden Übung zum Momentan-Zustand wollen wir bereits einen Schritt weiter gehen.

Diesmal fassen wir die einzelnen Interpretationen zu einem sinnvollen Ganzen zusammen!

Vorlage 2:

Nun verbinden Sie diese Konstellationen und interpretieren Sie diese in Ihren eigenen Worten:

Vorlage 2:

1...

2...

3...

4...

5...

Als nächstes fassen Sie diese 5 Punkte zu einem oder auch mehreren Sätzen zusammen.

....

....

....

....

Meine Lösungsvorschläge

in meinen Worten als mögliche Deutung

1. *Bei dieser Legung dreht sich alles um einen Mann.*
2. *Die Gedanken dieses Mannes beziehen sich auf eine (ältere) Frau. (Bitte beachten Sie, dass es sich bei dieser Frau* ***nicht*** *um seine Partnerin (Nr. 29) handelt).*
3. *Er liebt sie bereits seit längerer Zeit.*
4. *Derzeit ist diese Verbindung jedoch von Kummer überschattet.*
5. *Er fürchtet, sie könne neue Wege gehen und ihn verlassen.*

Mein persönlicher Ratschlag:
Möchten Sie eine Trennung von Ihrer Geliebten verhindern, so können Sie nach einer Lösung suchen, indem Sie im großen Kartenbild links und rechts der Karte **Nr. 22 Wege** die dort liegenden Karten betrachten.
Haben Sie lediglich die fünf Karten ausgelegt, um einen schnellen Einblick in die augenblickliche Lage dieses Mannes zu bekommen, so könnten Sie zur Vertiefung der Aussage noch eine oder zwei Karten zusätzlich legen.

Diese Karten könnten Ihnen den Weg zeigen, der möglicherweise zur Lösung des Problems führt.

Sie sollten aber wissen, dass die Karten Ihnen immer nur unterschiedliche Möglichkeiten aufzeigen.
Nichts davon ist bindend und es steht Ihnen natürlich jederzeit frei, Ihre Meinung zu ändern und einen anderen Weg einzuschlagen.

Nehmen Sie Ihr Leben und Schicksal selbst in die Hand!

Aus persönlicher Erfahrung kann ich Ihnen nur sagen:
Wenn ich ein Problem habe und dazu einfach keine Lösung finde, werfe ich einen Blick in die Karten, um mit ihrer Hilfe eine Lösungsmöglichkeit zu erkennen.

Wie Sie sicherlich selbst aus eigener Erfahrung wissen, hat man oft vor lauter Kummer und Problemen keinen klaren Blick mehr für die tatsächlichen Gegebenheiten und es fällt viel schwerer als sonst, die richtige Entscheidung oder Lösung des Problems zu finden.

Wie sagt man so schön:
Oft sieht man den Wald vor lauter Bäumen nicht.

Werfen wir nun einmal einen Blick in ein großes Kartenbild!

Die Frage lautet: Wie steht es um die Liebe?

Der Momentan-Zustand und die nahe Zukunft

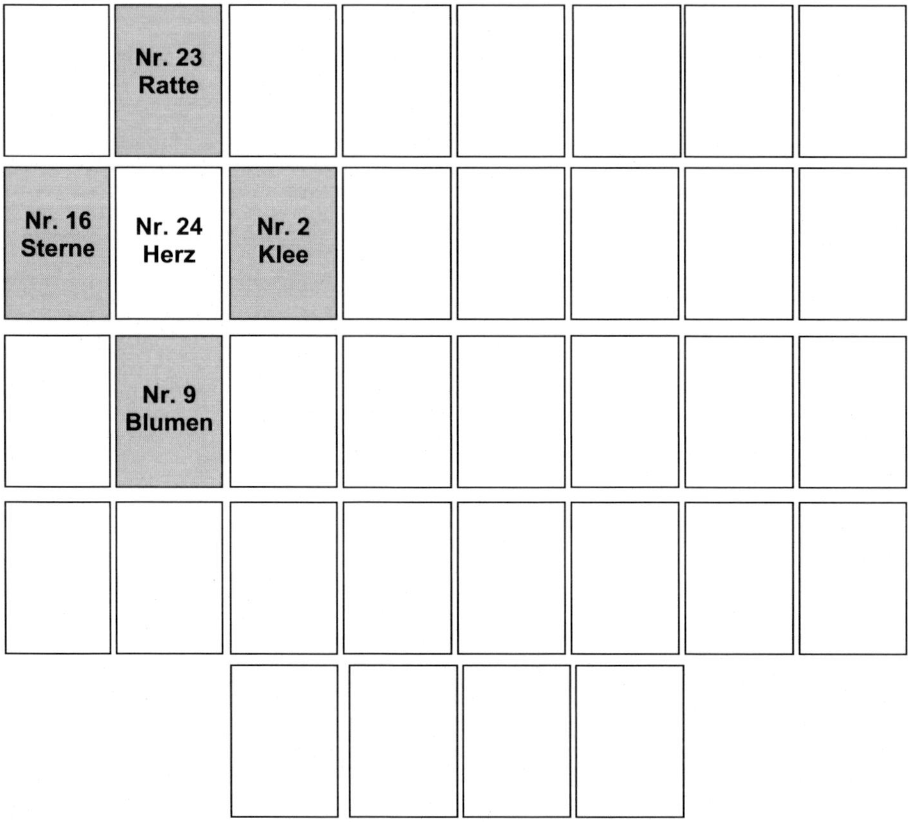

Betrachten Sie die Karte **Nr. 24 Herz** im großen Kartenbild. Sie erinnern sich? Hier fragten wir nach der Liebe!

Auch in diesem Beispiel (Siehe vorhergehende Vorlage) werden wir wieder in der üblichen Reihenfolge vorgehen. Bitte interpretieren Sie den Momentanzustand nun also im Bezug auf das große Thema **„Liebe"**.

1. ....

2. ....

3. ....

4. ....

5. ....

Fassen Sie jetzt die einzelnen Interpretationen zu einem Satz oder einem kurzen Text zusammen.
Lassen Sie Ihre Intuition auch hier wieder spontan einfließen.

....

....

....

....

Wie Sie sehen, ist das Kartenlegen gar nicht so schwer. Vergessen Sie dabei nur nicht, weiterhin jeden Tag fleißig zu üben!

Meine Lösungsvorschläge

in meinen Worten als mögliche Deutung

Zusammenfassung

- *Auf großes Herzeleid (Nr. 23 Ratte + Nr. 24 Herz) und Traurigkeit (Nr. 23 Ratte + Nr. 16 Sterne) in der Vergangenheit folgt wieder eine wunderschöne und große Liebe (Nr. 24 Herz + Nr. 2 Klee + Nr. 9 Blumen)*

Kombination

Nr. 23 Ratte + Nr. 24 Herz	*Herzeleid, Liebeskummer*
oder	*nach Herzensleid wieder Liebe*
Nr. 23 Ratte + Nr. 16 Sterne	*Traurigkeit, Depressionen*

Brittas Tipp: ☞

Wünschen Sie sich zusätzliche Übungen zum Momentan-Zustand, so finden Sie diese begleitenden Übungsbuch.

Momentan-Zustand zum Üben

Datum: ....Name:............................

Thema: ....

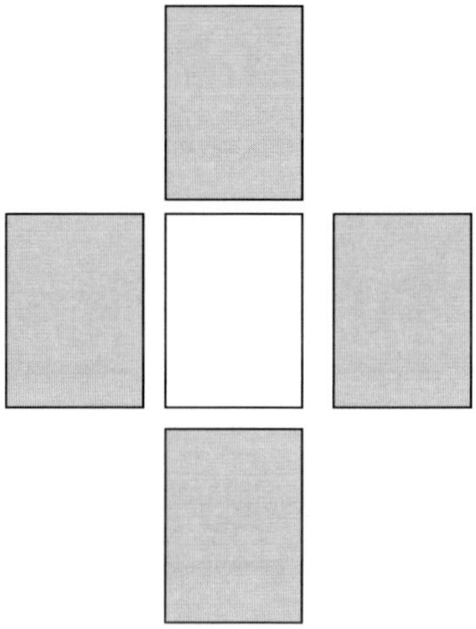

Auswertung:

....

....

....

Wir blicken in die Vergangenheit

Im folgenden Kapitel werden wir uns nun verstärkt der **Vergangenheit** widmen.

Stellen Sie sich einen Wandkalender vor.
Nehmen wir an, wir befänden uns etwa in der Mitte des Jahres.

Wohin wenden Sie nun Ihren Blick, wenn Sie eine Eintragung in der Vergangenheit suchen?

Richtig: Nach links.
Und je weiter das Ereignis zurückliegt, desto weiter wird Ihr Blick nach links wandern.

Mit Ihrem Kartenbild verhält es sich ganz genauso.
Beginnen Sie bei der **Gegenwart** und lassen Sie Ihren Blick über die jüngere Vergangenheit nach links zur Ursache der Situation schweifen.

Beispiel:

Nr.12 Vögel +	Nr.19 Turm +	Nr.28 Mann +	Nr.11 Rute +	Nr. **29 Frau**
Kummer	Arbeit	PK	Streit	**PK**

← ***Vergangenheit***

- *Diese Frau **hatte** Streit mit Ihrem Partner.*
  Die Ursache des Streites liegt in Kummer an ihrem Arbeitsplatz.

Nun interpretieren Sie:

Nr. 28 Mann + Nr. 23 Ratte **+ Nr. 29 Frau**

← ***Vergangenheit***

....

Nr. 19 Turm + Nr. 11 Rute + **Nr. 13 Kind**

← ***Vergangenheit***

....

Mein Lösungsvorschlag

in meinen Worten als mögliche Deutung

Nr. 28 Mann + Nr. 23 Ratte **+ Nr. 29 Frau**

⟵ ***Vergangenheit***

- *Diese Frau **hatte** Angst vor ihrem Mann*

Nr. 19 Turm + Nr. 11 Rute + **Nr. 13 Kind**

⟵ ***Vergangenheit***

- *Dieses Kind **hatte** Ärger in der Schule*

oder

- *Diese junge Frau **hatte** Ärger bei der Arbeit*

Brittas Tipp: ☜

Wünschen Sie zusätzliche Übungen zum Thema „Ein Blick in die Vergangenheit", so empfehle ich Ihnen das begleitende Übungsbuch.

Deuten wir nun eine waagrechte Kartenreihe von der ersten bis zur achten Karte

Beispiel 1:

Nr. 24 Herz →	**Nr. 6 Wolken →**	**Nr. 12 Vögel →**	**Nr. 28 Mann →**	**Nr. 32 Mond →**	**Nr. 21 Berg →**	**Nr. 3 Schiff →**	**Nr. 31 Sonne →**

- *In der Liebe (Nr. 24 Herz) gibt es Unklarheiten (Nr. 6 Wolken) und Kummer (Nr. 12 Vögel) mit dem Partner (Nr. 28 Mann).*
  Die Gefühle (Nr. 32 Mond) des Partners sind blockiert (Nr. 21 Berg).
  Es wäre in diesem Fall vorteilhaft, eine kleine Reise (Nr. 3 Schiff) zu unternehmen, da diese sich sehr positiv auswirken würde (Nr. 31 Sonne).

Merken Sie sich:

Da die **Sonnenkarte** am Ende der obigen Kartenreihe liegt, ist diese Partnerschaft **gut**.
Die Sonne am Ende dieser Reihe zeigt an, dass hier die positiven Gefühle und die Liebe überwiegen.
Der Kummer und die Blockaden sind also lediglich Hindernisse, die es zu meistern und zu überwinden gilt.

Tipp:
Bitte beachten Sie in diesem Zusammenhang auch die Beispiele auf der folgenden Seite.

Dort werden Sie auf eine Partnerschaft stoßen, die durch eine negative Karte am Ende der Deutungsreihe bestimmt wird.
Beachten Sie den Unterschied!

Übung mit negativer achter Karte:
Wir lesen auch hier wieder von der ersten bis zur achten Karte.

Übung 1:

Nr. 24 Herz →	**Nr. 6 Wolken →**	**Nr. 12 Vögel →**	**Nr. 28 Mann →**	**Nr. 32 Mond →**	**Nr. 21 Berg →**	**Nr. 3 Schiff →**	**Nr. 11 Rute →**

Bitte interpretieren Sie diese Kartenreihe:

....

....

....

....

....

Mein Lösungsvorschlag

in meinen Worten als mögliche Deutung

Achtung:
Hier liegt eine **negative** Karte am Ende der Deutungsreihe!
→ Diese Partnerschaft ist daher gefährdet!

- *In der Liebe (Nr. 24 Herz) gibt es Unklarheiten (Nr. 6 Wolken) und Kummer (Nr. 12 Vögel) mit dem Partner (Nr. 28 Mann). Die Gefühle (Nr. 32 Mond) des Partners sind blockiert (Nr. 21 Berg).*

  Dieser Mann fühlt sich eingeengt und könnte daher versuchen, aus der Beziehung ausbrechen und davon zu laufen (Nr. 3 Schiff).
  Ärger (Nr. 11 Rute) ist hier beinahe schon vorprogrammiert.

Tipp:
Versuchen Sie, diese Situation von vorne herein zu entschärfen!
Im folgenden Beispiel werden wir nun einen ganze neuen Schritt nach vorne wagen!

Übung 2:
Hier lautet die Frage: Was ist mit diesem Mann los?

Wir interpretieren erstmals nicht nur in eine Richtung (von links nach rechts), um eine momentane Situation zu analysieren, sondern deuten sowohl von der Personenkarte von **Nr. 28 Mann** aus gesehen nach **rechts** in die **Zukunft**, sowie von derselben Karte **Nr. 28 Mann** aus gesehen nach **links** in die **Vergangenheit**.

Nr. 4 Haus ←	**Nr. 11 Rute ←**	**Nr. 12 Vögel ←**	**Nr. 28 Mann ←→**	**Nr. 17 Storch →**	**Nr. 6 Wolken →**	**Nr. 16 Schiff →**	**Nr. 9 Blumen →**

Bitte interpretieren Sie diese Kartenreihe:

....

....

....

....

....

....

....

Meine Lösungsvorschläge

in meinen Worten als mögliche Deutung

1. Schritt:

Deutung von Nr. 28 Mann aus gesehen nach **links** in die **Vergangenheit:**

- *Dieser Mann Nr. 28* ***hatte*** *in der* ***Vergangenheit*** *Kummer (Nr. 12 Vögel) und Ärger (Nr. 11 Rute) im häuslichen Bereich (Nr. 4 Haus).*

2. Schritt:

Deutung von Nr. 28 Mann aus gesehen nach **rechts** in die **Zukunft:**

- *In der* ***Zukunft*** *wird es im Leben dieses Mannes eine Veränderung (Nr. 17 Storch) geben, deren Ausgang jedoch noch nicht klar ersichtlich ist (Nr. 6 Wolken).*

  Da die Blumenkarte am Ende der Deutungsreihe liegt, können wir jedoch davon ausgehen, dass letzten Endes alles gut ausgehen wird!

Übung 3:
Bei dieser Übung schauen wir der Reihe nach von der ersten bis zur achten Karte (Turm – Wolken).

Nr. 19 Turm →	Nr. 2 Klee →	Nr. 12 Vögel →	Nr. 28 Mann →	Nr. 11 Rute →	Nr. 15 Bär →	Nr. 10 Sense →	Nr. 6 Wolken →

Bitte interpretieren Sie diese Kartenreihe:

....

....

....

....

....

Brittas Tipp: ☞

Zusätzliche Übungen zur Frage „wie lese ich eine Kartenreihe von Anfang bis Ende“ bietet Ihnen das

Lehrbuch Professionelles Kartenlegen
„Ein Grundstein zur Existenzgründung“

Meine Lösungsvorschläge

in meinen Worten als mögliche Deutung

Zusammenfassung:

- *Der Mann in diesem Beispiel leidet unter Kummer und Problemen (Nr. 12 Vögel).*

  Der Ärger bezieht sich auf seinen Arbeitsplatz (Nr. 19) und liegt in einem Streit mit seinem ***dominanten*** *(Nr. 15 + Nr. 10) und aggressiven (Nr. 11 + Nr. 10)* ***Arbeitskollegen*** *begründet (Nr. 19 + Nr. 15).*

  Im Grunde gefällt es diesem Mann an seinem Arbeitsplatz gut (Nr. 2 + Nr. 19), er muss dort allerdings immer wieder mit Kummer und Mühen rechnen.
  Dieser Streit wird sich jedoch unerwartet wieder auflösen.

Übung 4:
Dieselbe Kartenreihe wie zuvor.

Bei dieser Kartenreihe möchten wir allerdings etwas über die **Person Nr. 28 Mann** erfahren und gehen daher auch von dieser Karte (**Nr. 28 Mann**) aus, wenn wir in die Zukunft und die Vergangenheit interpretieren.

Nr. 19 Turm ←	**Nr. 2 Klee ←**	**Nr. 12 Vögel ←**	**Nr. 28 Mann ←→**	**Nr. 11 Rute →**	**Nr. 15 Bär →**	**Nr. 10 Sense →**	**Nr. 6 Wolken →**

Bitte interpretieren Sie die **Vergangenheit** von Nr. 28 Mann aus gesehen nach **links**:

....

....

Bitte interpretieren Sie die **Zukunft** von **Nr. 28 Mann** aus gesehen nach **rechts**:

....

....

Nun interpretieren Sie die **Vergangenheit** mit der **Zukunft** gemeinsam:

....

....

Tipp:
Die Sensenkarte kann hier in Verbindung mit 2 Karten gedeutet werden:

1) In Bezug auf die Bärenkarte Nr. 15:
   Dieser Kollege ist durchsetzungsfreudig und unnachgiebig.

2) In Bezug auf die Wolkenkarte Nr. 6:
   Dieser Streit wird sich plötzlich und mit einem Schlag wieder auflösen.

Brittas Tipp:

Weitere Übungen zu diesem Kapitel finden Sie im begleitenden Übungsbuch.

Meine Lösungsvorschläge

in meinen Worten als mögliche Deutung

Die Vergangenheit:

- *In der Vergangenheit hatte dieser Mann mit Mühen und Kummer an seinem Arbeitsplatz zu kämpfen.*
  Auch wenn er diese Arbeit im Grunde gerne macht, so hat er dabei doch immer wieder mit Schwierigkeiten zu rechnen.

Die Zukunft:

- *Auch in der Zukunft wird es bei diesem Mann erneut zu Ärger am Arbeitsplatz kommen.*
  Er wird einen heftigen Streit mit einem Arbeitskollegen bekommen, der nicht nur auf seinem Standpunkt beharrt, sondern auch aggressiv reagieren kann, wenn es um die Durchsetzung seiner Meinung und Interessen geht.
  Dieser Streit wird sich jedoch ganz unerwartet wieder auflösen.

Die Vergangenheit mit der Zukunft im Zusammenhang:

- *Dieser Mann ist grundsätzlich zufrieden und glücklich mit der Arbeit, die er ausführt.*
  Trotz allem muss er immer wieder mit Kummer und Schwierigkeiten rechnen.
  Großen Einfluss übt hier auch ein unangenehmer rücksichtsloser Kollege aus, der nicht davor zurückschreckt, seine Meinung und Interessen notfalls mit Aggression durchzusetzen.

  Ganz unerwartet wird sich ein heftiger Streit mit diesem Kollegen jedoch mit einem Schlag wieder lösen.

Ihre Notizen zu diesem Kapitel

☝ Was habe ich in diesem Kapitel gelernt?

....

☞ Hatte ich mit dem Blick in die Zukunft noch Probleme?

....

☜ Hatte ich mit dem Blick in die Vergangenheit noch Schwierigkeiten?

....

In welchem Kapitel sollte ich nochmals nachlesen?

....

Welche Übungen sollte ich nochmals schriftlich machen?

....

Brittas Tipp: ☜

Überprüfen Sie Ihre Deutungen immer wieder selbst:

1) Haben Sie auch keine der Deutungslinien verlassen und sind ins Springen gekommen?
2) Haben Sie die unterschiedlichen Interpretationsmöglichkeiten der sieben besonderen Karten in Betracht gezogen?

Zukunftskarten

Ist es nicht unglaublich, wie viel Sie in so kurzer Zeit bereits gelernt haben?

Vor kurzem noch waren Sie ein Neuling auf dem Gebiet des Kartenlegens und mittlerweile hantieren Sie mit einer Kartenreihe im großen Kartenbild, als wäre es eine der leichtesten Übungen!

Die **Zukunftskarten** stellen nun einen **weiteren wichtigen Schritt** in Ihrer Entwicklung zum Kartenleger dar!

Mit Hilfe der Zukunftskarten können Sie eine gewisse Aussage darüber treffen, innerhalb welchen Zeitraumes das Vorausgesagte Ereignis oder die zukünftige Entwicklung nun tatsächlich eintreten könnte.

Dies gibt Ihnen die Möglichkeit, einen zeitlichen Rahmen festzulegen und Ihre Aussagen somit um ein Vielfaches präziser zu gestalten.

In diesem Kapitel wollen wir nun damit beginnen, mit den **Zukunftskarten** zu üben und dabei ganz neue Erkenntnisse aus den Deutungslinien zu erlangen.

Sie werden sehen, auch dies wird Ihnen nicht weiter schwerfallen, denn wir gehen auch in diesem Abschnitt wieder langsam und schrittweise vor.

Setzen Sie Vertrauen in Ihre Fähigkeiten und nehmen Sie die neuen Informationen als zusätzliche Hilfestellung in sich auf.
Wie der Name schon sagt, machen die Zukunftskarten genauere Aussagen über **Zeiträume in der Zukunft.**

Prinzipiell werden übrigens vier Karten als **Zukunftskarten** definiert.

Diese sind:

- **Nr. 5 Baum**
- **Nr. 26 Buch**
- **Nr. 35 Anker**
- **Nr. 36 Kreuz**

Bei der Deutung der Zukunftskarten kommt es vor allem darauf an, sich voll und ganz auf diese zu konzentrieren.

1. Schritt:
Deuten Sie Ihre Kartenreihen wie gewohnt so lange Karte für Karte, bis Sie auf eine Zukunftskarte stoßen.

2. Schritt:
Halten Sie dann an dieser Stelle inne und beginnen Sie, die **Zukunft** von dieser Karte aus, sowie Sie es zuvor gelernt haben, **nach rechts** bis hin zur letzten Karte der Reihe zu deuten.

Wie Sie sehen haben Sie nichts zu befürchten.
Die Art der Deutung unterscheidet sich zunächst einmal nicht wesentlich vom bisher gelernten.
Sobald Sie die Bedeutung der Zukunftskarten erst einmal verinnerlicht haben, werden Sie jedoch wesentlich genauere zeitliche Aussagen machen können.

Die Bedeutungen der Zukunftskarten im Einzelnen:

Nr. 5 Baum
Mit Sicherheit kommt...
Innerhalb eines Zeitraumes
von etwa neun Monaten

Nr. 26 Buch
Es ist noch nicht spruchreif
aber es wird kommen.
Der genaue Zeitpunkt ist
allerdings noch ungewiss.

Nr. 35 Anker
Sagt aus, was ungefähr
innerhalb eines Zeitraumes
von etwa zwei Jahren
kommen wird.

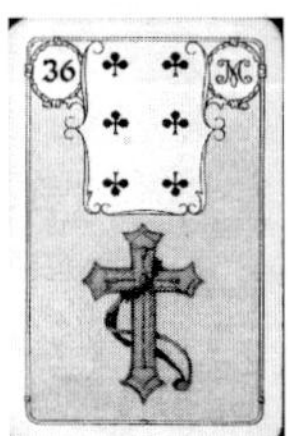

Nr. 36 Kreuz
In Zukunft kommt...
Innerhalb eines Zeitraumes
von etwa einem Jahr

Wir üben die Deutungen der verschiedenen Zukunftskarten auch im Zusammenhang mit der ferneren Zukunft am besten anhand von Beispielen.

Dabei verdeutlichen wir uns zunächst die Unterschiede in der Interpretation, je nachdem, ob eine Zukunftskarte innerhalb einer Kartenreihe liegt, oder nicht.

Dabei greifen wir wieder auf eine bereits bekannte Deutungslinie zurück. Diesmal jedoch wollen wir der darin befindlichen Zukunftskarte besondere Beachtung zukommen lassen.

Diese Art der Übung soll Ihnen helfen, sich die unterschiedlichen Aspekte der Deutung mit oder ohne Einbeziehung der Zukunftskarte zu verdeutlichen.

Wir beginnen zunächst noch einmal **ohne** Zukunftskarte zu deuten.
Im Anschluss daran folgt dann die Deutung unter Einbeziehung einer Zukunftskarte (Nr. 26 Buch).

Bitte beachten Sie den Unterschied in der Aussage, je nachdem, ob sich eine Zukunftskarte in der Reihe befindet, oder nicht!

Deutung einer Kartenreihe von der ersten bis zur achten Karte
Das folgende Beispiel kennen Sie ja bereits.

Nr. 24	**Nr. 6**	**Nr. 12**	**Nr. 28**	**Nr. 32**	**Nr. 21**	**Nr. 3**	**Nr. 31**
Herz	**Wolken**	**Vögel**	**Mann**	**Mond**	**Berg**	**Schiff**	**Sonne**
→	→	→	→	→	→	→	→

➢ *In der Liebe (Nr. 24 Herz) gibt es Unklarheiten (Nr. 6 Wolken) und Kummer (Nr. 12 Vögel) mit dem Partner (Nr. 28 Mann).*

Die Gefühle (Nr. 32 Mond) des Partners sind blockiert (Nr. 21 Berg).
Es wäre in diesem Fall vorteilhaft, eine kleine Reise (Nr. 3 Schiff) zu unternehmen, da diese sich sehr positiv auswirken würde (Nr. 31 Sonne).

Vergleichen Sie das vorhergehende Beispiel **ohne Zukunftskarte,** jetzt mit dem folgenden Beispiel **mit einer Zukunftskarte:**

Nr. 24	**Nr. 6**	**Nr. 12**	**Nr. 28**	**Nr. 26**	**Nr. 21**	**Nr. 3**	**Nr. 31**
Herz	**Wolken**	**Vögel**	**Mann**	**Buch**	**Berg**	**Schiff**	**Sonne**
→	→	→	→		→	→	→

Schritt 1:
Wir deuten bis zur **Zukunftskarte Nr. 26 Buch:**
➢ *In der Liebe gibt es Unklarheiten und Kummer mit dem Partner.*

Nun halten wir inne, da wir die Zukunftskarte erreicht haben.

Sobald Sie bei einer Interpretation an eine Zukunftskarte stoßen, unterbrechen Sie Ihre Deutung.
Von der Zukunftskarte aus muss die Deutung nun ganz neu angesetzt werden.

Schritt 2:
Von der **Zukunftskarte Nr. 26 Buch** aus gesehen deuten wir nun weiter in die Zukunft:

- *Die Zukunft ist noch nicht spruchreif.*
  Man weiß also noch nicht genau, wann die folgenden Dinge eintreffen werden.

  Hindernisse sind jedoch bereits vorprogrammiert.
  Da wir jedoch schon jetzt darüber informiert wurden, können wir uns bereits vorab in aller Ruhe Gedanken über eine mögliche Lösung machen.

  So wäre es, so die Situation dann tatsächlich eintreten sollte, von Vorteil, eine kleine Reise zu unternehmen.

  Diese Begebenheiten haben zum gegenwärtigen Zeitpunkt allerdings noch keinen Einfluss auf unser Leben.

Brittas Tipp:

Arbeiten Sie mit Brittas Wahrsagekarten nach Art der Madame Lenormand, so wird Ihnen das Erkennen der Zeit- und Zukunftskarten durch die auf den Karten aufgedruckten Symbole (**Uhr** und **Auge**) wesentlich erleichtert.

Übung 1:

Nr. 24 Herz →	Nr. 6 Wolken →	**Nr. 5 Baum**	Nr. 28 Mann →	Nr. 12 Vögel →	Nr. 21 Berg →	Nr. 29 Frau →	Nr.10 Sense →

Schritt 1:
Wir deuten bis zur **Zukunftskarte Nr.5 Baum**:

....

....

....

Schritt 2:
Wir deuten von der **Zukunftskarte Nr.5 Baum aus weiter in die Zukunft**:

....

....

....

Meine Lösungsvorschläge

in meinen Worten als mögliche Deutung

Übung 1

Schritt 1:

- *In der Liebe gibt es Unklarheiten.*

Schritt 2:

- *In der Zukunft (innerhalb eines Zeitraumes von etwa neun Monaten) wird dieser Mann mit Sicherheit Kummer und Belastungen mit seiner Partnerin bekommen.*
  Die Beziehung zu dieser Frau wird daraufhin zerbrechen.

Brittas Tipp: ☞

Weitere Übungen zu den Zukunftskarten finden Sie im begleitenden **Übungsbuch** sowie

in den 3 Lehrbüchern „ **Professionelles Kartenlegen**"

Ihre Notizen zu diesem Kapitel

Was habe ich in diesem Kapitel gelernt?

....

....

Mit welcher Deutungslinie hatte ich Schwierigkeiten?

....

....

Hatte ich mit dem Blick in die Zukunft noch Probleme?

....

....

In welchem Kapitel sollte ich nochmals nachlesen?

....

....

Welche Übungen sollte ich nochmals schriftlich machen?

....

....

Vor- und Zurücklesen
Lernaufgaben

Nachdem Sie die Zukunftskarten mit all ihren Besonderheiten bei der Interpretation jetzt beherrschen, können wir gleich zur nächsten Herausforderung übergehen:

Dem Vor- und Zurücklesen *einer Kartenreihe.*

Auch dies haben Sie in den Einzelschritten ab Seite 138 bereits geübt.
Während Sie dort jedoch lediglich in die Vergangenheit und die Zukunft gelesen haben, werden wir uns in diesem Kapitel zusätzlich mit den so genannten Lernaufgaben des Lebens befassen.

Bei diesen Lernaufgaben handelt es sich um Fehler, die wir im Laufe unseres Lebens immer wieder machen.

Während wir aus vielen unserer Taten lernen und denselben Fehler beim zweiten Mal zu vermeiden wissen, tappen wir in gewissen Bereichen über Jahre, manchmal sogar Jahrzehnte hinweg immer wieder mit schöner Regelmäßigkeit in dieselben alten Fettnäpfchen.

Um diese Lernaufgaben zu meistern und uns zukünftig vor Ärger zu bewahren, müssen wir lernen, festgefahrene Reaktionsmuster zu vermeiden, und uns zuweilen selbst ein wenig den Kopf waschen, um zu vermeiden, wieder in das alte Verhaltensmuster zurück zu verfallen.

- *Solange wir bei der Deutung einer Kartenreihe auf keine Zukunftskarte stoßen, kann es uns leicht passieren, dass sich das gezeigte Schema endlos wiederholt.*

Wenn Sie das bisher vermittelte Wissen gut beherrschen und sich im Umgang mit den Kombinationen sicher fühlen, wird es Ihnen sicherlich auch nicht schwer fallen, Ihre Karten in alle Richtungen vor und wieder zurück zu lesen.

Achtung:

- Ehe Sie eine Kartenreihe vor und wieder zurück lesen, sollten Sie die Zukunftskarten verinnerlicht haben!

- Sobald eine der Zukunftskarten erreicht ist, kann diese Art der Deutung nicht mehr weiter durchgeführt werden!

Beachten Sie bitte:
Wenn Sie die Karten vor und auch zurück lesen, so müssen sich in beide Richtungen sinnvolle Interpretationen ergeben, die auch insgesamt zueinander passen.

Zum Üben nehmen wir erneut das Beispiel von Seite 132 zur Hand, damit es Ihnen leichter fallen wird, die neue Deutungsweise nachzuvollziehen.

Nr. 24 Herz →	**Nr. 6 Wolken →**	**Nr. 12 Vögel →**	**Nr. 28 Mann →**	**Nr. 32 Mond →**	**Nr. 21 Berg →**	**Nr. 3 Schiff →**	**Nr. 31 Sonne →**

Zur Erinnerung:

➢ *In der Liebe (Nr. 24 Herz) gibt es Unklarheiten (Nr. 6 Wolken) und Kummer (Nr. 12 Vögel) mit dem Partner (Nr. 28 Mann).*
Die Gefühle (Nr. 32 Mond) des Partners sind blockiert (Nr. 21 Berg).
Es wäre in diesem Fall vorteilhaft, eine kleine Reise (Nr. 3 Schiff) zu unternehmen, da diese sich sehr positiv auswirken würde (Nr. 31 Sonne).

→ In dieser Kartenreihe befindet sich keine Zukunftskarte (Baum, Buch, Anker, oder auch Kreuz).

Deshalb können Sie die Karten nun in beide Richtungen (von links nach rechts sowie von rechts nach links) lesen.

Dies bedeutet aber auch, dass sich die Situation **endlos wiederholen** kann.

Das Deuten in beide Richtungen:

Nr. 24 Herz → ←	**Nr. 6 Wolken → ←**	**Nr. 12 Vögel → ←**	**Nr. 28 Mann → ←**	**Nr. 32 Mond → ←**	**Nr. 21 Berg → ←**	**Nr. 3 Schiff → ←**	**Nr. 31 Sonne → ←**

Schritt 1:
Das Deuten von links nach rechts

- *Wie wir wissen leidet diese Person unter Kummer und Unklarheiten mit dem Partner.*
  Eine kleinere Reise oder gemeinsame Unternehmungen wären daher zu empfehlen.

Schritt 2:
Die Deutung von rechts nach links

- *Nach schönen Unternehmungen wird sich der Partner immer wieder zurückziehen und regelrecht verschanzen. Da er nicht offen über seine Gefühle sprechen kann, wird es erneut zu Unklarheiten und damit auch zu neuem Kummer in der Liebe kommen.*

Tipp:
Wie Sie sehen, sind wir nun wieder bei der Ausgangssituation angelangt.

Unternimmt die Dame nun etwas mit ihrem Partner, können die beiden wieder eine schöne Zeit miteinander verbringen, doch auch danach wird der Alltag wieder einkehren und das alte Lied mit den immer gleichen Problemen wird wieder einmal von vorne beginnen.

Hier handelt es sich also um eine typische Lernaufgabe.
Möchte man sich aus dem Teufelskreis der Probleme befreien, so muss hier tiefer angesetzt werden.

Auf Dauer ist es nicht ratsam, durch Reisen oder andere Unternehmungen eine Art Auszeit zu nehmen und damit nur immer wieder das Schlimmste auszubügeln und die Oberfläche zu glätten.

Stößt man auf Lernaufgaben wie diese, so muss weit tiefer angesetzt und das Verhalten grundsätzlich geändert werden.

Unter Umständen müsste hier auch die Einstellung zur Partnerschaft an sich überprüft werden.

Merken Sie sich:
Sie können im großen Kartenbild jede Reihe, ob waagrecht, senkrecht oder diagonal, in dieser Form deuten.

Bleiben Sie dabei aber immer innerhalb der Deutungslinien und springen Sie auf keinen Fall von einer Deutungslinie auf eine andere über.

Wiederholung: Interpretationsmöglichkeiten

Sie können eine Kartenreihe wie folgt lesen

Waagrecht:
Von rechts nach links **und** von links nach rechts.

Senkrecht:
Von oben nach unten **und** von unten nach oben.

Diagonal rechts:
Von oben nach unten **und** von unten nach oben.

Diagonal links:
Von oben nach unten **und** von unten nach oben.

Selbstverständlich können Sie das gleiche System anwenden, wenn Sie von einer Personenkarte ausgehend waagrecht, senkrecht oder diagonal deuten.
Lesen Sie von einer **Personenkarte** aus also nach links in die **Vergangenheit** und nach rechts in die **Zukunft.**

Die gleiche Verfahrensweise können Sie für die Deutung einer senkrechten Kartenreihe anwenden.
Lesen Sie in diesem Fall nach oben in die Vergangenheit und nach unten in die Zukunft.

Bemerkung
Setzen Sie dieses System nur ein, wenn jede der Aussagen auch einen Sinn ergibt.

Ihre Notizen zu diesem Kapitel

Was habe ich in diesem Kapitel gelernt?

....

? Mit welchen Kombinationen hatte ich noch Schwierigkeiten?

....

Mit welcher Deutungslinie hatte ich noch Schwierigkeiten?

....

Hatte ich mit dem Vor- und Zurücklesen Schwierigkeiten?

....

In welchem Kapitel sollte ich nochmals nachlesen?

....

Welche Übungen sollte ich nochmals schriftlich machen?

....

Brittas Tipp:

Achten Sie innerhalb jeder Deutungslinie, die Sie gerade interpretieren, besonders auf die Zukunftskarten.
Liegt in dieser Kartenreihe eine Zukunftskarte, so enthält diese Deutungslinie keine Lernaufgaben!

Die Zeitkarten

Den ersten Teil der Karten, die Aussagen zu Zeiträumen machen können, haben Sie im vergangenen Kapitel über die Zukunftskarten bereits kennen gelernt.

Auch die Zeitkarten fallen in diesen Bereich der Interpretationen.
Im Unterschied zu den Zukunftskarten, die den Zeitpunkt betreffen, zu dem ein Ereignis eintreffen könnte, machen die Zeitkarten zudem Aussagen über die Zeiträume und Dauer bestimmter Begebenheiten.

Mit ein wenig Einfühlungsvermögen und Phantasie werden Sie die Zeitkarten ebenfalls schnell und leicht nachvollziehen können, und sich Ihre Bedeutungen fest in Ihrem Gedächtnis einprägen.

Lassen Sie sich überraschen, wie viel mehr Sie anhand dieser besonderen Karten aus einem Kartenbild herauslesen können!

Solange Sie sich Ihrer Sache noch nicht ganz sicher sind, können Sie sich die Beschreibungen der Karten ab Seite 163 zurecht legen und diese bei Bedarf immer wieder zur Hand nehmen.

Wie der Name dieser Karten bereits sagt, zeigen die Zeitkarten einen begrenzten Zeitraum oder eine bestimmte Dauer im Kartenbild an.

Da es sich bei der Nennung von Daten und festen Zeiträumen immer um eine äußerst heikle Sache handelt, die stark von der jeweiligen Ausgangslage und den Charaktereigenschaften aller beteiligten Personen abhängig ist, müssen Aussagen im Zusammenhang mit den Zeitkarten mit viel Einfühlungsvermögen und Intuition behandelt werden.

Aus diesem Grund kann ich Ihnen hier nur meine individuellen Erfahrungen vermitteln.

Diese Angaben sind jedoch keineswegs verbindlich, sondern entstammen meinen persönlichen Erlebnissen und Erkenntnissen. Daher sollen sie Ihnen wie immer lediglich als Anregung dienen.

So verlangt eine veränderte Situation unter Umständen auch einmal nach einer gänzlich anderen Deutung.

Auch, wenn Sie sich das für den Anfang vielleicht wünschen würden, so gibt es bei der Deutung der Zeitkarten leider keine unumstößlichen und festen Regeln.

Hören Sie deshalb im Umgang mit den Zeitkarten ganz besonders gut auf Ihre innere Stimme.

Den Umgang mit diesen Karten müssen Sie selbst für sich entdecken, wobei Sie immer wieder üben sollten, Ihre Intuition in die Interpretation Ihrer Karten mit einfließen zu lassen.

Daher kann es auch durchaus einmal vorkommen, dass Sie ein und dieselbe Karte auf unterschiedliche Art und Weise interpretieren müssen, je nachdem welche weiteren Karten um Ihr gewähltes Thema herum liegen.

Auch für mich war der Umgang mit den Zeitkarten nicht immer leicht.

Denken Sie daran: Aller Anfang ist schwer.
Allerdings hat sich dieser anfängliche Aufwand für mich mehr als gelohnt.

Ich bin immer wieder aufs Neue überrascht, wie viel genauer meine Aussagen werden, sobald ich gerade die Zeitkarten in die Interpretation mit einbeziehe.

Es bedurfte jedoch auch für mich langer Beobachtung, um zu prüfen, ob die einmal festgelegte zeitliche Definition auch zutraf.

Sie sollten die folgenden Karten allerdings wirklich nur dann als Zeitkarten interpretieren, wenn Ihre Intuition ihnen auch dazu rät.

Wie immer sollten die Deutungen dabei auch zu Ihren übrigen Aussagen passen.
Andernfalls ist die Wahrscheinlichkeit hoch, dass eine andere Aussage der Karte überwiegt.

Stellen Sie also sicher, dass Sie die korrekte Interpretation gewählt haben.
Sobald Sie auch nur den kleinsten Zweifel hegen, übergehen Sie die zeitliche Zuordnung der Karten besser und deuten sie nur in der bereits bekannten und geübten Grundaussage.

Lassen Sie sich niemals vorschnell zu einer Interpretation verleiten, selbst wenn Sie die Zeitkarten auf den ersten Blick erkennen!

Alle Zeitkarten auf einen Blick

Mit den Zukunftskarten haben Sie sich ja mittlerweile vertraut machen können.

Zu diesen Karten gehört auch die Karte **Nr. 35 Anker**.
Diese Karte weist nun bereits eine kleine Besonderheit auf, da sie sowohl als Zeit-, als auch als Zukunftskarte gedeutet werden kann.

Lesen Sie sich die unten aufgeführten Zeitkarten genau durch und versuchen Sie auch hier wieder nachzuvollziehen, weshalb sich gerade diese Kartenaussage ergibt.
Lassen Sie sich überraschen, wie viele Möglichkeiten sich dadurch für Ihre Aussagen auftun werden.

Nr. 2 Klee
bald,
2 Stunden
2 Tage
2 Wochen
2 Monate

Nr. 3 Schiff
Innerhalb
der nächsten
3 Monate

Nr. 5 Baum
Innerhalb
der nächsten
9 Monate

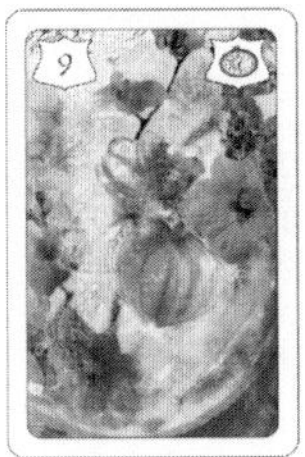

Nr. 9 Blumen
Frühling

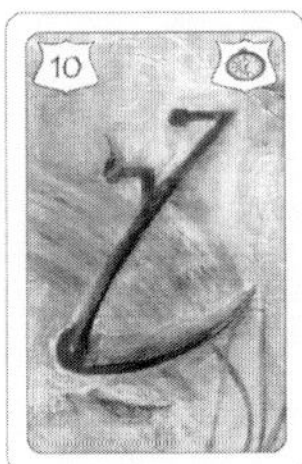

Nr. 10 Sense
plötzlich
unerwartet
mit einem Mal
Herbst

Nr. 15 Bär
Innerhalb der
kommenden
2 – 3 Jahre

Nr. 21 Berg
Winter

Nr. 22 Wege
Im Zeitraum von
7 Wochen, bis
7 Monate

Nr. 32 Mond
Nachmittag
Abend
Nacht

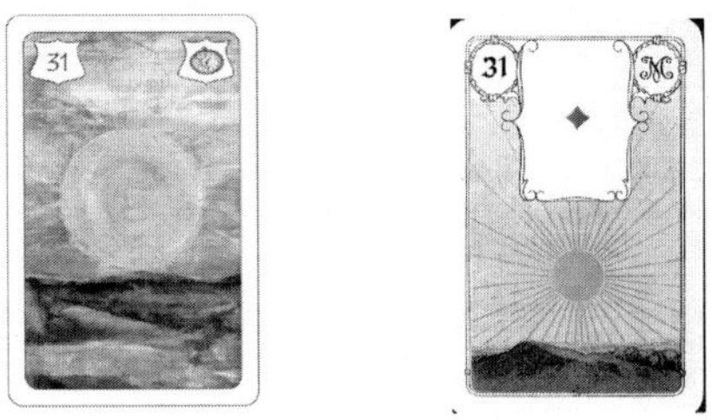

Nr. 31 Sonne
Tag
Sommer

Nr. 35 Anker
von langer Dauer
in ferner Zukunft
Zeitraum
von 2 Jahren

Um die **Zeitkarten** verstehen und in den Zusammenhang unserer Aussage einordnen zu können, bedarf es viel Übung und Erfahrung, da die Kartenaussagen nicht nur stark vom Gesamtbild des Tableaus abhängig sind, sondern auch mit der Persönlichkeit der Kunden zusammenhängen.

Ein langsamer, etwas gemütlicher Mensch, der die Dinge gerne erst einmal in Ruhe auf sich zukommen lässt, wird daher im Zusammenhang mit der Zeitkarte Nr. 2 Klee wahrscheinlich eher 2 Monate brauchen, als 2 Tage, oder gar 2 Stunden.

Dies gehört zu den Erfahrungen, die Sie im Laufe der Zeit selbst machen werden.
Je öfter Sie die Karten legen und je mehr Sie sich dadurch mit den Menschen beschäftigen, desto leichter wird Ihnen das Interpretieren von Mal zu Mal fallen.

Daher werde ich Ihnen hier mit etlichen Beispielen und Übungen zur Seite stehen und versuchen, Ihnen die verschiedenen Möglichkeiten, Zeitkarten zu deuten so einfach wie möglich zu machen.

Mit den Übungen werde ich Sie auch in die Frage einführen:

- *Was tun, wenn mehr als eine Zeitkarte innerhalb einer Deutungslinie liegt?*

Wie bereits erwähnt, gibt es bei der Deutung der Zeitkarten keine unumstößlichen Regeln.

Im Laufe der Zeit werden Sie dann Ihre eigenen Erfahrungen mit diesen speziellen Karten machen und Ihre Deutungen werden sich entsprechend anpassen.
Mit jedem Mal werden Sie ein Stückchen weiter kommen und ein wenig sicherer in Ihren Aussagen werden.

Übrigens:
Lassen Sie sich nicht verunsichern, wenn Ihnen das Deuten der Zeitkarten zunächst recht schwierig erscheinen mag.

Auch mir fiel die Arbeit mit diesen Karten zu Beginn nicht leicht.

Tatsächlich erinnere ich mich noch genau, wie verkrampft ich am Anfang war und wie verzweifelt, als es nicht auf Anhieb funktionieren wollte.
Da mir die ersten Aufgaben im Umgang mit den Karten verhältnismäßig leicht von der Hand gegangen waren, brachten mich diese plötzlich auftretenden Schwierigkeiten regelrecht aus der Fassung.
Ich zweifelte sogar an meinen Fähigkeiten als Kartenlegerin.

Als es mir jedoch gelang, meine Einstellung zu ändern und ich Abstand von der Haltung (*"Ich muss", „Ich will")* bekommen hatte, machte es auf einmal „**Klick**" in meinem Kopf und von diesem Zeitpunkt an klappte es mit einem Mal ganz ohne Anstrengung.

Zwei Beispiele – (Ausschnitte aus Lehrbuch Professionelles Kartenlegen „ Ein Grundstein zur Existenzgründung“

Bitte betrachten Sie die folgenden Interpretationsbeispiele:

Nr. 28 Mann + Nr. 32 Mond + Nr. 29 Frau + Nr. 3 Schiff

***Allgemein**:*
*Ein Mann, der starke Gefühle hegt, wird eine **Reise** zu einer Frau antreten.*

oder
*Ein Mann wird eine gefühlvolle Frau im **Inland** treffen.*

oder mit Zeitkarte Nr. 3 Schiff:
Ein Mann wird eine Reise zu einer Frau antreten.
*Dies wird innerhalb der folgenden **3 Monate** geschehen.*

Nr. 5 Baum + Nr. 29 Frau + Nr. 12 Vögel + Nr. 19 Turm

Allgemein:
***Mit Sicherheit** wird diese Frau Kummer bei oder mit ihrer Arbeit bekommen.*

oder mit Zeitkarte Nr. 5 Baum:
*Innerhalb einer Spanne von **9 Monaten** wird diese Frau Kummer bei oder mit ihrer Arbeit bekommen.*

Übungen zu den Zeitkarten

Lassen Sie uns die Zeitkarten nun gemeinsam in unsere Deutungen mit einbeziehen!

Wenn Sie mit dem Üben beginnen, können Sie aber auch zunächst nur die allgemeine Interpretation und erst in einem späteren Schritt die tiefer gehende, zeitbezogene Deutung üben.

In meinen Lösungsvorschlägen zeige ich Ihnen hier jedoch immer gleich beide Möglichkeiten auf.

Dies wird Ihnen dabei helfen, die unterschiedlichen Bedeutungen der Zeitkarten zu erkennen und in Ihren Aussagen umzusetzen.

Übung:

Nr. 19 Turm + Nr. 32 Mond + Nr. 8 Sarg:

Allgemein:

....

....

oder

Mit **Zeitkarte** Nr. 32 Mond:

....

....

Meine Lösungsvorschläge

in meinen Worten als mögliche Deutung

Übung:

Nr. 19 Turm + Nr. 32 Mond + Nr. 8 Sarg:

Allgemein:
(Nr. 32 Mond wurde in der Bedeutung *Anerkennung* interpretiert):

- *Man bekommt nicht die angemessene **Anerkennung** für die Arbeit, die man leistet.*

oder

Mit **Zeitkarte** Nr. 32:
Nr. 32 Mond hier als Zeitkarte gedeutet):

- *Man arbeitet am Nachmittag bis in den **Abend (Nr. 32)** hinein. Dies tut der Person nicht gut.*

Brittas Tipp: ☜

Ich selbst lese die **Zeitkarten** übrigen immer nur in waagrechten und senkrechten Deutungslinien. Niemals diagonal.

Mehrere Zeitkarten in ein und derselben Deutungslinie

Nun kann es natürlich mitunter auch vorkommen, dass zwei oder sogar mehr Zeitkarten innerhalb ein und derselben Deutungslinie zu finden sind.

Ob in einem Kartenbild nun **1 oder 2 Karten** als **Zeitkarten** gedeutet werden, liegt in Ihrem eigenen Ermessen. Möglicherweise entscheiden Sie sich auch dafür, ganz auf eine zeitliche Zuordnung zu verzichten.

Sie müssen daher je nach Tableau und Situation selbst in der Lage sein, zu entscheiden, wie Sie derartige Konstellationen nun genau interpretieren möchten.
Mehrere Karten gleichzeitig in ihrer zeitlichen Bedeutung zu deuten, kann und wird jedoch häufig zu Schwierigkeiten führen, da sich die einzelnen Zeitangaben innerhalb der Reihe selbstverständlich auch einmal widersprechen können

Aus diesem Grund würde ich Ihnen in einem solchen Fall empfehlen, sich die gesamte Situation noch einmal vor Augen zu führen, dann genau zu überlegen, welche der Kartenaussagen besser in den allgemeinen Zusammenhang passt, und sich erst dann für die entsprechende Karte zu entscheiden.

Kennen Sie die Persönlichkeit Ihres Kunden gut, so wird Ihnen dieses Wissen zusätzlich von großem Vorteil sein.
Lassen Sie dabei Ihre Intuition mit einfließen und verlassen Sie sich auf das, was Ihr Gefühl Ihnen vermittelt.

Entscheiden Sie erst dann, welche der Zeitkarten in die Aussage passen und treffen Sie danach Ihre endgültige Aussage.

Tipp:
Zeitliche Rahmen für geplante Aktivitäten können Sie bei Ihren Kunden ruhig auch erfragen. Keine Sorge: Niemand wird Ihnen Unfähigkeit unterstellen!

Übungen mit mehreren Zeitkarten:

Übung 1:

Nr. 19 Turm + Nr. 31 Sonne + Nr. 17 Storch + Nr. 9 Blumen

Allgemeine Deutung:

....

....

....

Deutung mit **Zeitkarte Nr. 31 Sonne**:

....

....

....

Deutung mit **Zeitkarte Nr. 9 Blumen**:

....

....

Übung 2:

Bitte betrachten Sie nun die angegebene waagrechte Deutungslinie auf der folgenden Seite und interpretieren Sie die Situation sowohl allgemein, als auch unter Einbeziehung der Karte Nr. 2 Klee in ihrer Funktion als Zeitkarte!

Achtung:
Bitte nicht vergessen:
Kombination Nr. 5 Baum + Personenkarte Nr. 7 Schlange
→ es geht um die Familie.

Nr. 4 Haus	**Nr. 12 Vögel**	**Nr. 11 Rute**	**Nr. 5 Baum**	**Nr. 7 Schlange**	**Nr. 15 Bär**	**Nr. 22 Wege**	**Nr. 2 Klee**

Allgemeine Deutung:

……………………………………………………………………………..

……………………………………………………………………………..

Deutung mit **Zeitkarte Nr. 22 Wege**:

……………………………………………………………………………..

……………………………………………………………………………..

Deutung mit **Zeitkarte Nr. 2 Klee**:

……………………………………………………………………………..

……………………………………………………………………………..

Meine Lösungsvorschläge

in meinen Worten als mögliche Deutung

Übung 1:

Nr. 19 Turm + Nr. 31 Sonne + Nr. 17 Storch + Nr. 9 Blumen

Allgemeine Deutung:

- *Bei der Arbeit kann man sich über Erfolge freuen. Diese führen schließlich zu einer großartigen Veränderung.*

Deutung mit **Zeitkarte Nr. 31 Sonne**:

- *Bei der Arbeit wird es **im Sommer** zu einer großartigen Veränderung kommen.*

Deutung mit **Zeitkarte Nr. 9 Blumen**:

- *Bei der Arbeit kann man sich über Erfolge freuen. Die erbrachten Leistungen werden dann **im Frühjahr** zu einer Veränderung führen.*

Übung 2:

Allgemeine Deutung:

- *Zuhause gibt es Probleme und einen großen Streit mit den Eltern **(5/7/15)**. Man trennt sich jedoch **im Guten**.*

Deutung mit **Zeitkarte Nr. 2 Klee**:

- *Zuhause gibt es Probleme und einen großen Streit mit den Eltern.*
  Daraufhin gehen die Familienmitglieder getrennte Wege.
  In Kürze (innerhalb der folgenden 2 Monate) *wird sich jedoch glücklicherweise alles wieder zum Guten wenden.*

Deutung mit **Zeitkarte Nr. 22 Wege**:

- *Zuhause gibt es Probleme und einen großen Streit mit den Eltern.*
  Daraufhin gehen die Familienmitglieder ***etwa 7 Wochen lang*** *getrennte Wege.*
  Nach Ablauf dieser Zeitspanne wird man sich beruhigen und alles wird wieder gut werden.

Brittas Tipp:

Weitere Übungen zu den Zeitkarten
finden Sie im begleitenden **Übungsbuch**
sowie in meinem Lehrbuch
Professionelles Kartenlegen
„ Ein Grundstein zur Existenzgründung"

Zur Erinnerung:

Die Fülle an Interpretationsmöglichkeiten, die Sie hier vorfinden, mag Sie als Neuling auf dem Gebiet des Kartenlegens zunächst vielleicht noch etwas verwirren.

Behalten Sie jedoch stets im Hinterkopf, dass die auf die jeweilige Lage zugeschnittene und passende Interpretation ja in den allermeisten Fällen innerhalb eines vollständigen Kartenbildes zu suchen ist, und demnach stark von der jeweils zu deutenden Situation abhängt.

Im Allgemeinen werden Sie nicht, wie in den Beispielen, mit zusammenhanglosen Situationen überfallen, sondern legen die Karten, zumindest in der ersten Zeit, entweder für sich selbst, oder für Personen Ihres täglichen Umfeldes, deren Lebenslagen Sie kennen und deren Persönlichkeit Sie mit all ihren guten und weniger guten Seiten einordnen können.

Somit wird Ihnen das Kartenlegen in einer Alltagssituation durch all diese Hintergrundinformationen natürlich wesentlich leichter fallen.

Aufgrund der Zusammenhänge innerhalb des Großen Tableaus wird dann auch die Deutung der Zeitkarten wesentlich einfacher.

Eingebettet in einen logischen Zusammenhang wird Ihnen die Bedeutung der einzelnen Karten daher gleich viel klarer und problemloser erscheinen.

Ob und wie Sie die Zeitkarten nun in Ihre Deutung mit einbeziehen wollen, hängt –wie so oft- allein von Ihrem Gefühl und der Gesamtaussage des Großen Kartenbildes ab.

Sehen Sie sich daher das gesamte Tableau ganz genau an und prüfen Sie die verschiedenen Möglichkeiten.

Entscheiden Sie **danach**, **ob** Sie die Zeitkarten überhaupt mit in Ihre Interpretation einbeziehen möchten, oder nicht.

Verlassen Sie sich auch bei dieser Entscheidung ganz einfach auf das, was Ihr Gefühl Ihnen vermittelt.

Sollten Sie jedoch eine Unsicherheit in Ihrer Intuition spüren, so belassen Sie es eben bei der allgemeinen Interpretation.
Setzen Sie sich also nicht unnötig selbst unter Druck.

Lassen Sie sich nur bitte auch von weniger gelungenen Interpretationen, oder auch der einen oder anderen Denkblockade nicht aus dem Konzept bringen, oder gar entmutigen.

Sie werden sehen, bei regelmäßigem Üben bekommen Sie immer mehr Sicherheit beim Kartenlegen, und auch Ihr Gespür für die Menschen in Ihrer Umgebung wird sich verbessern.

Vergessen Sie nicht, wie wichtig es ist, die **Zeitkarten** nicht nur zu deuten, sondern zugleich auch zu lernen, sie im Zusammenhang mit Kombinationen zu erkennen und zu interpretieren.

Brittas Tipp:

Weitere Übungen mit Zeitkarten, Jahreszeiten, Himmelsrichtungen, Tieren, Eigenschaften und Berufen finden Sie in meinem **Lehrbuch** Professionelles Kartenlegen **„ Ein Grundstein zur Existenzgründung“**

Ihre Notizen zu diesem Kapitel

Was habe ich in diesem Kapitel gelernt?

Bei welcher Aufgabe hatte ich noch Schwierigkeiten?

Mit welchen Zeitkarten hatte ich noch Schwierigkeiten?

Hatte ich mit der Einbeziehung und Formulierung der Zeitkarten noch Schwierigkeiten?

In welchem Kapitel sollte ich nochmals nachlesen?

Welche Übungen sollte ich nochmals schriftlich machen?

....

....

Tipp:
Lassen Sie sich beim Üben mit den Zeitkarten auf keinen Fall unter Druck setzen!

Brittas Tipp:

Vergessen Sie nie,
dass es sich bei den Zeitkarten um ein besonders heikles Thema handelt.
Ich empfehle Ihnen daher, Ihre Deutungen äußerst vorsichtig zu formulieren und Worte wie „in etwa“, „circa“ oder „schätzungsweise“ zu verwenden.
So bedeutet die Zeitkarte Klee beispielsweise:

Bald, 2 Tage, 2 Std., 2 Wochen, 2 Monaten.

Sagen Sie:
Innerhalb von ungefähr 2 Monaten **oder** von jetzt bis in etwa 2 Monaten.

Mischen und Auslegen des Tableaus

Das Auslegen und Lesen der Karten im großen Kartenbild.

Nachdem Sie sich bereits umfassend mit dem Deuten einzelner Kartenreihen vertraut gemacht haben, ist nun auch das Auslegen eines so genannten Grand Tableaus (großen Kartenbildes) nach Art der Madame Lenormand im Grunde nicht weiter kompliziert.

Machen Sie es sich zur Angewohnheit, das Kartenlegen stets mit einem kleinen Ritual zu verbinden, mit Hilfe dessen Sie sich und Ihr Unterbewusstsein dann auf die folgende Kartenlegung einstimmen können.

Dies kann bereits das Anzünden einer Kerze oder das vorherige Zubereiten einer entspannenden Tasse Tee sein.

Keinesfalls sollten Sie die Karten „mal schnell“, „zwischen Tür und Angel“ hervorkramen und auslegen.

Andernfalls übersehen Sie möglicherweise wichtige Aspekte und geraten daraufhin mit Ihren Interpretationen in die Irre.

Auch das Mischen der Karten sollte bereits ein wichtiger Teil der Einstimmung auf die spätere Legung sein.

Mischen Sie die Karten daher mindestens sieben Mal und formulieren Sie während des Mischens Ihre Fragen in möglichst klarer Form.

Machen Sie sich dabei in aller Ruhe klar, was genau Sie von Ihren Karten während dieser Lesung erfahren möchten.
Ihr Unterbewusstsein weiß die Antworten auf all diese Fragen bereits.

Beispiele für mögliche Fragen:

- *Wie sieht es momentan mit mir und meinem Leben aus?*
- *Was könnte auf mich zukommen?*
- *Was war nur los mit mir?*
- *Wie sieht es mit meiner Arbeit aus und*
- *wie geht es weiter?*
- *Wie sieht es mit meiner Ehe aus und*
- *wie wird es weitergehen?*
- *Kommt noch einmal eine neue Liebe auf mich zu?*
- *Wie wird sich meine finanzielle Situation in den kommenden Jahren entwickeln?*
- *Habe ich noch eine Chance auf eine berufliche Veränderung?*

Auch wenn Sie vor Fragen und Tatendrang beinahe zu platzen scheinen:
Stellen Sie bitte nicht zu viele Fragen auf einmal.
Sie könnten Ihr Unterbewusstsein dabei eventuell überfordern und so letzten Endes keine zufrieden stellenden Antworten mehr erhalten.

Haben Sie sich Gedanken über Ihre Fragen gemacht und das Gefühl, das Mischen sei nun vollendet, so können wir zum nächsten Schritt über gehen:

Ein Grand Tableau nach Art der Madame Lenormand besteht im Wesentlichen aus

> ***vier Kartenreihen zu je 8 Karten*** *und*
> ***einer darunter angeordneten Reihe aus 4 Karten***.

Dabei gehen Sie bei der Interpretation stets von der Karte aus, die Sie augenblicklich am stärksten interessiert.
In den meisten Fällen werden Sie also zunächst nach der Karte im Tableau suchen, die Sie selbst darstellt.

Den im Folgenden aufgeführten Karten sollten Sie innerhalb des Tableaus also besondere Beachtung schenken:

Nr. 28 Mann:
Diese Karte
bezieht sich auf den
Fragesteller, oder aber auf
den Partner der Fragestellerin.

Nr. 29 Frau:
Diese Karte
bezieht sich auf die
Fragestellerin, oder aber auf
die Partnerin eines
männlichen Fragestellers.

Die erste Karte des Tableaus:

Die **erste Karte** des Tableaus ist auch die Karte, die beim Legen als erstes ausgelegt wird.

Sie befindet sich in der linken oberen Ecke.
Diese Karte zeigt Ihnen auf einen Blick das Thema an, das momentan die größte und wichtigste Rolle im Leben des Fragestellers spielt.

Erscheint also beispielsweise die Karte Nr. 19 Turm gleich als erste Karte des Kartenbildes, so können wir bereits zu diesem Zeitpunkt eine wichtige Aussage treffen:

Augenblicklich dreht sich im Leben der Rat suchenden Person alles um das Thema Arbeit.

Noch ein wichtiger Hinweis zum Gebrauch des Tableaus:
Befindet sich die Personenkarte der Rat suchenden Person **Nr. 28 Mann** oder **Nr. 29 Frau am Anfang** des Tableaus (innerhalb der ersten beiden Kartenreihen), so ist der Blick dieser Person in die **Zukunft** gerichtet.
Sie ist also zukunftsorientiert (Siehe Vorlage 1).

Vorlage 1

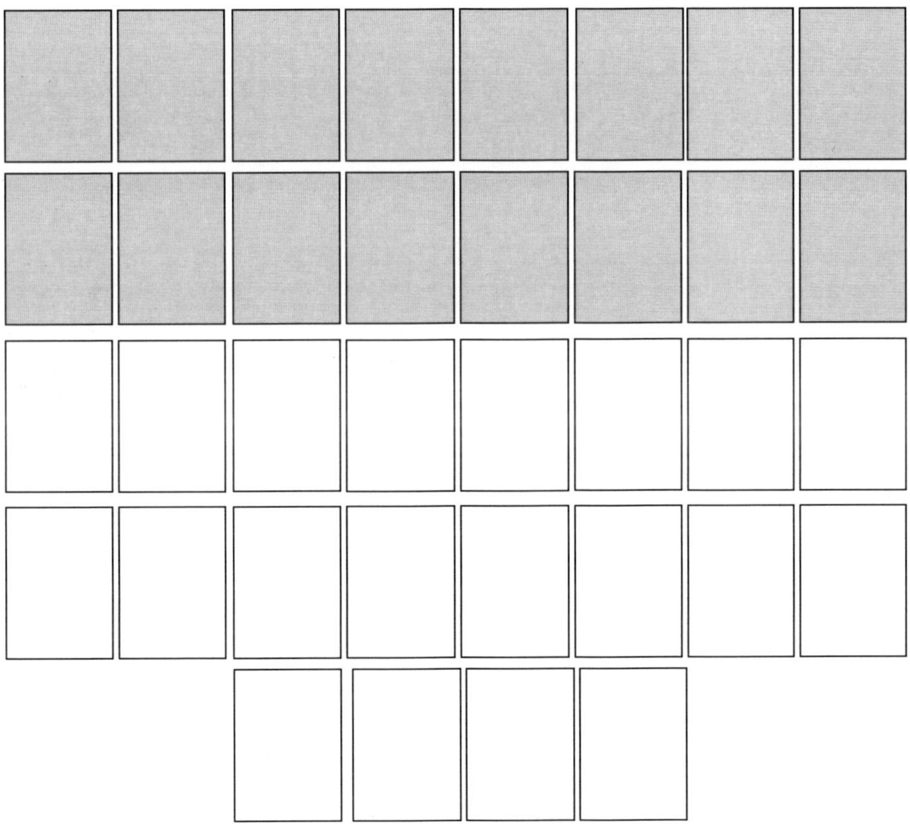

Liegt die Personenkarte der Rat suchenden Person Nr. **28 Mann** oder **Nr. 29 Frau** hingegen gegen **Ende** des Tableaus (innerhalb der letzten beiden Kartenreihen), so denkt diese Person noch oft an die **Vergangenheit**.
Solchen Menschen fällt es manchmal schwer, sich von Altem zu lösen und Vergangenes ruhen zu lassen.
Oftmals neigen sie ein wenig zur Nostalgie (Siehe Vorlage 2).

Vorlage 2

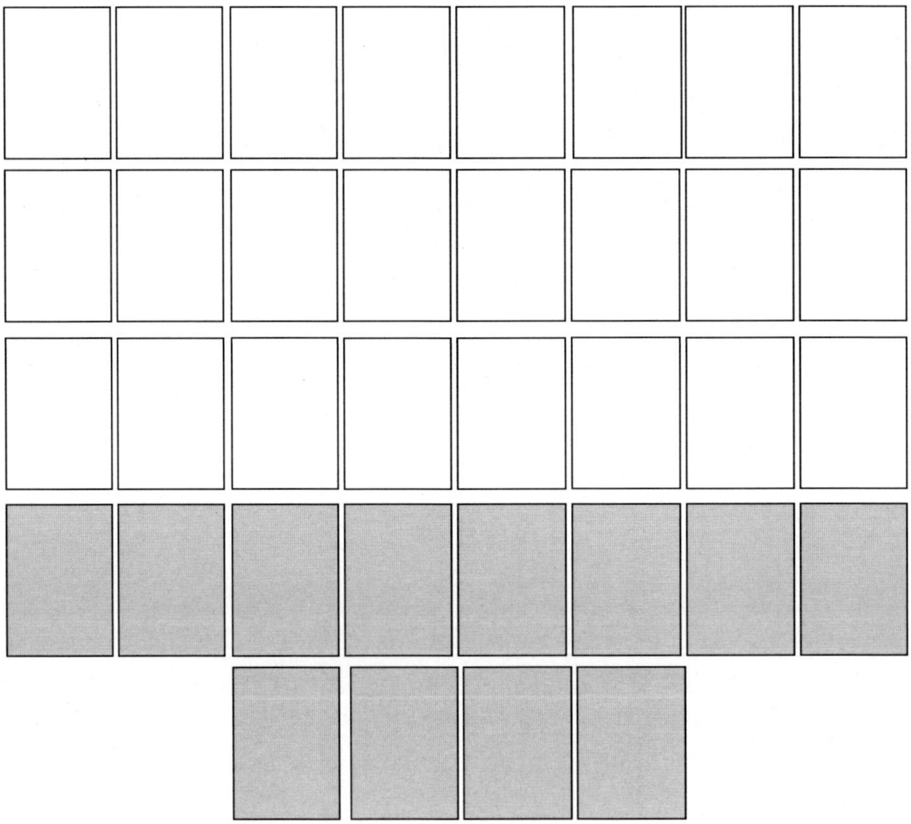

Die folgende Vorlage Nr. 3 soll uns noch einmal verdeutlichen, welche weitere Karte ebenfalls besonders beachtet werden sollte:
Die allererste Karte des Tableaus (in der linken oberen Ecke) weist auf das momentan wichtigste Thema im Leben der Rat suchenden Person hin.
Im folgenden Tableau dreht sich also alles um die Liebe.

Vorlage 3

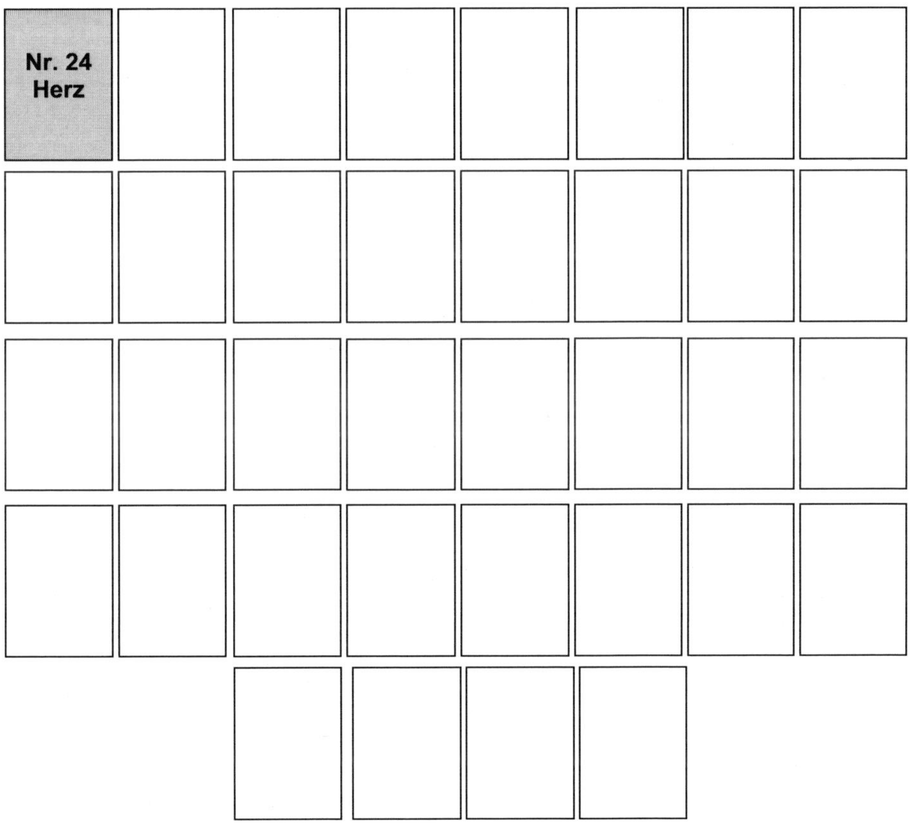

Sollte eine andere Karte als die Herzkarte an erster Stelle im Tableau liegen, so wäre diese andere Karte das Thema, um das sich das Leben der Rat suchenden Person momentan dreht.

Dies könnte beispielsweise die Karte Nr. 19 (Turm – Arbeit, Ausbildung) oder auch die Karte Nr. 34 (Fische – Geld, finanzielle Angelegenheiten) sein.

Beispiele für mögliche Hauptthemen:

- Nr. 6 Wolken — Unklarheiten
- Nr. 19 Turm — Arbeit
- Nr. 23 Ratte — Ängste, Sorgen oder Krankheiten
- Nr. 24 Herz — Liebe
- Nr. 25 Ring — Ehe oder Partnerschaft oder
- Nr. 28 Mann — der Partner oder
- Nr. 29 Frau — die Partnerin
- Nr. 34 Fische — Geld, Finanzen
- Nr. 35 Anker — Die Zukunft

.
Im ersten Band dieses Lehrwerkes haben Sie ja bereits fleißig geübt, bis zu acht Karten miteinander zu verbinden, und die einzelnen Bedeutungen daraufhin zu einer sinnvollen Gesamtaussage zusammen zu fassen.

Im Folgenden wollen wir diese Fähigkeit nun gemeinsam erweitern und lernen, ein gesamtes Kartenbild von insgesamt 36 Karten **Deutungsreihe für Deutungsreihe** zusammenhängend zu lesen und zu interpretieren.

Innerhalb dieses Kartenbildes lesen Sie Ihre Karten wieder wie gewohnt der Reihe nach

- von links nach rechts
- von rechts nach links
- von oben nach unten

oder

- von unten nach oben.

Merken Sie sich bitte Folgendes:

- Bei diesen Kartenreihen handelt es sich um die so genannten **Hauptdeutungslinien**.

- Weiterhin haben Sie selbstverständlich auch die Möglichkeit, **diagonale Kartenlinien** zu lesen und zu interpretieren.
  Diese Nebendeutungslinien sind in ihren Aussagen jedoch längst nicht so klar und eindeutig, wie die der Hauptdeutungslinien.

Übungen zu den diagonalen Interpretationslinien werden später folgen.
Machen Sie sich jedoch bereits jetzt klar, dass die **diagonalen Deutungslinien** lediglich **Möglichkeiten** aufzeigen, wie eine in den Karten ersichtliche Situation eventuell noch zu retten, oder zu vermeiden wäre.

An dieser Stelle möchte ich nur noch kurz auf die Wichtigkeit hinweisen, beim Lesen der Karten zu jeder Zeit **innerhalb einer Deutungslinie zu bleiben**.
Beginnen Sie nämlich, von einer Kartenreihe auf eine andere überzuspringen und mal diese, mal jene Karte zu deuten, so vermischen Sie voneinander unabhängige Interpretationen miteinander und handeln sich unausweichlich schwerwiegende Fehlinterpretationen ein!

Etwas Persönliches:
Wenn Sie mit dem Auslegen des großen Kartenbildes beginnen, so werden Sie die Karten wahrscheinlich zunächst einmal für sich selbst auslegen.

Schließlich kennen Sie sich und Ihre augenblickliche Lebenslage selbst am besten.
Ehrlichkeit sich selbst gegenüber sollte dabei allerdings an erster Stelle stehen.
Die Versuchung, nur das in den Karten zu entdecken, was man auch sehen möchte, ist nämlich gerade in der Anfangszeit besonders hoch.

Nachdem Sie das Hauptthema in den Karten erkannt, Ihre Personenkarte herausgesucht und kurz gedeutet haben, und die wichtigsten Deutungslinien kennen, können wir nun bereits zum Lesen einer Kartenreihe innerhalb des großen Tableaus übergehen:

Wir schauen in die **Vergangenheit** und erkennen so, wie die Situationen entstanden sind, die uns in der Gegenwart zu schaffen machen.

Diese Erkenntnis wird Ihnen auch bei der Lösung augenblicklicher Probleme hilfreich zur Seite stehen.

Ihre Notizen zu diesem Kapitel

Was habe ich in diesem Kapitel gelernt?

....

Wobei hatte ich noch Schwierigkeiten?

....

In welchem Kapitel sollte ich nochmals nachlesen?

....

Welche Übungen sollte ich nochmals schriftlich machen?

....

Brittas Tipp:

Vergessen Sie nicht, gleich nach dem Auslegen des Kartenbildes die erste Karte anzusehen.
Dies ist in den meisten Fällen das derzeit wichtigste Thema des Fragenstellers.
Suchen Sie als nächstes nach der Position der Personenkarte des Kunden im Tableau.
Ist er zukunftsorientiert oder schaut er in die Vergangenheit?
Diese Punkte erleichtern Ihnen den Einstieg in die Deutung erheblich.

Testen Sie sich:

1)

Bitte interpretieren Sie die beiden Karten:
(Bei dieser Frage gibt es zwei richtige Lösungen!)

1. Es handelt sich um eine Kombination.

2. Zukunftsängste

3. Man verliert etwas in seinem Leben.

4. Lebensängste

5. In der Zukunft verliert man Geld.

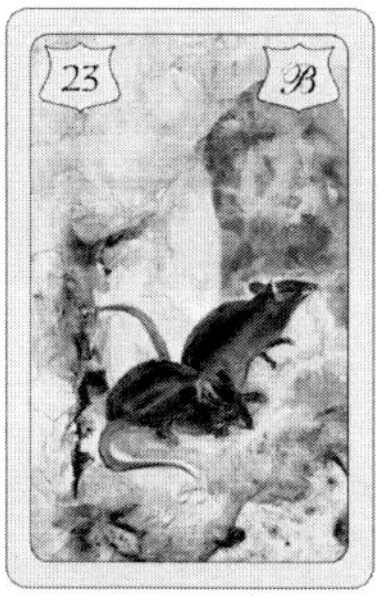

....

....

2)

Bitte beantworten Sie die folgenden Fragen:

1. Ergeben diese 3 Karten zusammen eine Kombination?
2. Wenn dem so ist, was bedeutet diese Kombination?
3. Erkennen Sie eine Geldüberweisung oder Einzahlung in dieser Reihe?
4. Geht diese Überweisung verloren?

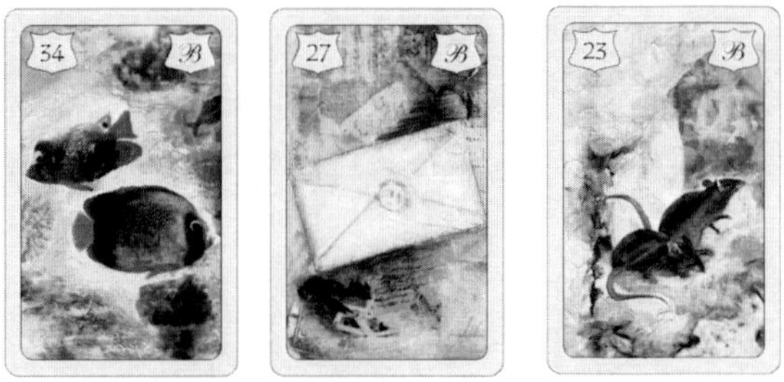

....

....

3)

Fragen zu diesem Kartenbild:

1. Auf wen beziehen sich die ausgelegten Karten?
2. Steht diese Person vor einer Entscheidung?
3. Worauf bezieht sich die Entscheidung?
4. Wäre es möglich, das Blatt noch einmal zu wenden und zu einem positiven Ausgang zu gelangen?
5. Was würden Sie der Person (Mann) raten?

Ihre Interpretation:

....

....

....

....

Ihr Ratschlag an diesen Herrn:

....

....

....

....

....

4)
Bitte vervollständigen Sie die folgenden Kombinationen:

a) Geheimes Geld
Nr. 26 Buch + …………

b) Neue Liebe:
……… + Nr. 24 Herz

c) Eigentum:
Nr. 5 Baum + …………

d) Mietvertrag:
Nr. 4 Haus + …………

e) Allergien:
………… + Nr. 8 Sarg

f) Heiratsantrag
……………+ …………..+…………

g) Schwangerschaft
Nr. 17 Storch + ……… + Nr. 13 Kind + …………

5)

Bitte vervollständigen Sie die folgenden Kombinationen:

a) Hochzeit:
Nr. 25 Ring + …………

b) Kollegin:
Nr. 19 Turm + …………

c) Scheidung:
Nr. 25 Ring + …………

d) Umzug:
Nr. 4 Haus + …………

e) Kündigung:
Nr. 19 Turm + …………

Lösungen der Testaufgaben

Lösung: 1
Antwort 1: Kombination
(Buch „Kombinationen auf einem Blick“)
Antwort 4: Lebensängste -

Tipp: Die Karte Nr. 5 steht auch für das Leben an sich!

Lösungen 2:

1. Ergeben diese 3 Karten zusammen eine Kombination?
   Ja.

2. Wenn dem so ist, was bedeutet diese Kombination?
   Vorsicht mit Verträgen, sonst droht großer Verlust.

3. Erkennen Sie eine Geldüberweisung oder Einzahlung in dieser Reihe?
   Nein.

4. Geht diese Überweisung verloren?
   Nein, lediglich Geld, das in einem Brief verschickt wird, könnte verloren gehen.

Lösung: 3

1. Auf wen beziehen sich die ausgelegten Karten?
   Diese Karten beziehen sich auf einen Mann.

2. Steht diese Person vor einer Entscheidung?
   Ja. Er muss nach neuen Wegen und Lösungen suchen.

3. Worauf bezieht sich die Entscheidung?
   Die Entscheidung, die getroffen werden muss, bezieht sich auf den Arbeitsplatz dieses Mannes.

4. Wäre es möglich, das Blatt noch einmal zu wenden und zu einem positiven Ausgang zu gelangen?
   Unter Umständen wäre dies möglich.
   Allerdings wäre es mit sehr viel Mühe verbunden.

5. Was würden Sie der Person raten?
   Raten Sie dieser Person, sich auf jeden Fall nach Kräften zu bemühen, eine Lösung zu finden. Zusätzlich könnte er sich weitere Gedanken um neue Wege (also vielleicht eine berufliche Umorientierung) machen.

Bitte nicht vergessen:

1. Die Karte Nr. 12 kleiner Kummer *bedeutet* auch *man muss sich bemühen*
2. Die Karte Nr. 22 Wege bedeutet auch *Lösungen suchen, Entscheidungen treffen.*

Lösung 4
Bitte vervollständigen Sie die folgenden Kombinationen:

a) *Geheimes Geld*
Nr. 26 Buch + Nr. 35 Fische

b) *Neue Liebe:*
Nr. 36 Kreuz + Nr. 24 Herz

c) *Eigentum:*
Nr. 5 Baum + Nr. 4 Haus

d) *Mietvertrag:*
Nr. 4 Haus + Nr. 25 Ring

e) *Allergien:*
Nr. 9 Blumen + Nr. 8 Sarg

f) Heiratsantrag
Nr. 27 Brief + Nr. 25 Ring + Nr. 9 Blumen

g) *Schwangerschaft*
Nr. 17 Storch + Nr. 30 Lilie + Nr. 13 Kind + Nr. 33 Schlüssel

Lösung 5:
Bitte vervollständigen Sie die folgenden Kombinationen:
:

a) Hochzeit:
Nr. 25 Ring + Nr. 9 Blumenstrauß

b) Kollegin:
Nr. 19 Turm + Nr. 7 Schlange

c) Scheidung:
Nr. 25 Ring + Nr. 10 Sense

d) Umzug:
Nr. 5 Haus + Nr. 17 Storch

e) Kündigung:
Nr. 19 Turm + Nr. 10 Sense

Schlusswort

Der vorliegende große Selbstlernkurs zum Kartenlegen begleitet mich in den unterschiedlichsten Ausführungen bereits seit Beginn meiner Tätigkeit als Kartenlegerin und Autorin.

Seit vielen Jahren lehre ich nun anhand dieses Systems und führe meine Kunden damit in die faszinierende Kunst des Kartenlegens ein.

Ursprünglich in vier einzelne Lehrbücher aufgeteilt, soll Sie dieser nun in drei Bänden überarbeitet und erweitert erhältliche Selbstlernkurs auf Ihrem Weg vom Anfänger bis hin zum routinierten Kartenleger begleiten.

Wie Sie wissen, lernt ein guter Kartenleger nie aus.

Mein Wahlspruch lautet daher stets: Übung macht der Meister!

Meine Empfehlung,
Haben Sie dieses Buch erst einmal durchgearbeitet und fleißig geübt, so sollten Sie in der Lage sein, die Lenormandkarten mit ihren wichtigsten Aussagen zu verstehen und einfache Kartenreihen oder -Bilder auszulegen und zu deuten.

Weitere Sicherheit im Umgang mit Ihren Karten, sowie verschiedene weitere Deutungslinien innerhalb des großen Tableaus erfahren Sie aus dem dritten Band dieses großen Selbstlernkurses.

Ergänzend stehen Ihnen meine Lehrbücher zum professionellen Kartenlegen, sowie meine Ergänzungsbücher und weitere Kartensets in großer Auswahl zur Verfügung.

Viele dieser Werke wurden an den entsprechenden Stellen innerhalb der „Tipps“ bereits erwähnt.

Ob und inwieweit Sie sich diese Werke zu Nutze machen möchten, bleibt dabei selbstverständlich ganz Ihnen selbst und Ihrem eigenen Urteilsvermögen überlassen.

Gruppenseminare und Einzelstunden, sowie Wochenendkurse werden zu jeder Zeit von mir angeboten.

Ein Blick auf meine Webseite www.kartenlegeschule.de wird Sie über alles Notwendige informieren.

Nun wünsche ich Ihnen viel Spaß beim Üben mit Ihren Karten und hoffe, Sie bald wieder in einem meiner Lehrwerke begrüßen zu dürfen.

Ihre Britta

Vorschau Inhalt Lehrbuch III Fortgeschritten

- Waagrechte und senkrechte Deutungslinien der Zukunft und Vergangenheit innerhalb des großen Tableaus

- Waagrechte, senkrechte und diagonale Deutungslinien der Zukunft und Vergangenheit innerhalb des großen Tableaus

- Wir blicken in die nahe und in die fernere Zukunft, sowie in die erweiterte Zukunft

- Paarlesung zur Erweiterung Ihrer Aussage.

- Ratschläge für Ihre Kunden

- Viele bildliche Darstellungen, Übungen und Lösungsvorschläge.
- Dazu Tipps und Ratschläge

- Herausnehmen von Karten, die Ihnen die Bestätigung Ihrer Vorhersagen aus dem großen Kartenbild geben

- Weitere Aussage und Ratschläge für Kunden,

- Vertiefung des Kartenlegens.
- Wir legen ein ganzes Kartenbild aus und stellen Fragen zu verschiedenen Themen.

- Schnelllegung für Fortgeschrittene
- Der Tag, Gedanken und Gefühle

**Alle Übungen mit vielen bildlichen Darstellungen,
Übungen und Lösungsvorschlägen.
Dazu zahlreiche Tipps und Ratschläge**

Weitere Bücher im Brika-Verlag: www.kartenlegekurse.de

Tarot leicht erlernbar

Kompaktkurs oder Fernkurs mit Prüfung /Zertifikat

einfach und schnell mit den großen Arkanen

Dieses einmalige, unvergleichliche Lehrsystem bietet einen leicht nachvollziehbaren und klaren Einstieg in die Welt des Tarot.
Die Karten werden Schritt für Schritt verständlich gemacht, wobei sich diese Technik zunächst ausschließlich der großen Arkanen bedient. Selbst Partnerschaften und Beziehungen von Menschen untereinander lassen sich mit diesen Karten bereits genauer analysieren.
Zahlreiche Beispiele und Übungen mit Lösungsvorschlägen und Interpretationshilfen bringen Licht in das Dunkel, das Hobbykartenlegern den Umgang mit den Tarotkarten so lange unnötig erschwert hat.
Ferner bietet Ihnen dieses Buch ein kleines Lexikon der wichtigsten Tarotbegriffe, einen Überblick über die Bedeutung der Tarotkarten als Tageskarten, sowie einen kleinen Einstieg in die Numerologie für das Tarot.
Zusätzlich: Kurzbedeutungen im Hinblick auf: Liebe, Finanzen, Beruf und allgemeine Charaktereigenschaften

Brittas Wahrsagekarten mit Begleitbuch

Jede Karte wird ausführlich erklärt und gedeutet, anhand des exklusiv für Britta gestalteten außergewöhnlichen Kartendecks

- Viele zusätzliche Anregungen und Denkanstöße.
- Zuordnungen zu Sternzeichen, Edelsteinen, Farben, Chakren, Berufen und Eigenschaften;
- Zeitkarten sind mit dem Symbol einer Uhr gekennzeichnet, Zukunftskarten mit einem Auge.

Kipperkarten leicht erlernbar

Kompaktkurs
in vier Schritten zum erfolgreichen Kartenlegen
oder Fernkurs mit Prüfung /Zertifikat

Die seit Jahrhunderten beliebten Kipperkarten werden hier in einem einzigartigen, leicht nachvollziehbaren und übersichtlichen Lehrbuch schnell und verständlich erklärt!

- Kipperkarten verstehen und deuten lernen
- Alle Karten mit ihren Bedeutungen, die Kipperkarten im Tableau
- Die Beziehungen der Karten untereinander, Kombinationen
- Verschiedene Legesysteme, Schnelllegesysteme
- Die Astrologische Jahres-Kartenlegung, das Einbeziehen von Zusatzkarten, Hinweise zur Arbeit mit der Tageskarte
- Tipps für Fortgeschrittene, zahlreiche Tipps und bildliche Darstellungen, Übungen und Lösungsvorschläge

Zigeuner-Wahrsagekarten leicht erlernbar

Kompaktkurs
in vier Schritten zum erfolgreichen Kartenlegen
oder Fernkurs mit Prüfung /Zertifikat

Die Autorin und Kartenlegerin Britta Kienle widmet sich in diesem Band den beliebten Zigeunerkarten, die vielen Interessierten als einfacher und schnell zu erlernender Einstieg in die Welt der Wahrsagekarten dienen können.

- Die 36 Zigeunerkarten und ihre Bedeutungen
- Das Ziehen einer Tageskarte, verschiedene Legesysteme
- Das schnelle Erkennen von Verbindungen, erste Kartenbilder
- Das kleine Kreuz und seine Erweiterung
- Zusätzliches Abdecken ausgewählter Karten
- Kombinationen und weitere Besonderheiten, Zukunfts- und
- Zeitkarten, Jahreszeiten, alle Personenkarten im Überblick
- Zahlreiche Tipps und bildliche Darstellungen, Übungen und Lösungsvorschläge

Empfehlenswerte Zusatzbücher zum Selbstlernkurs

Das Interpretieren lernen, die Kombinationen auf einen Blick erkennen, weitere Legesysteme und Deutungsmethoden.

Lehrbücher Professionellen Kartenlegen (Zur Vertiefung des Kartenlegens)

Sie wollen tiefer in das Kartenlegen eindringen, mehr Wissen sammeln und sich vielleicht sogar selbständig machen?

Ergänzungsbücher zum Kartenlegen (Auch zu anderen Kartendecks einsetzbar)

Sie haben eine schnelle Frage z.B.

- Wie sieht es heute mit meiner Stimmung, Laune aus?
  *Ziehen Sie eine Stimmungskarte
- Wie soll man auf einen Disput reagieren?
  *Ziehen Sie auf die Frage eine Ergänzungskarte
- Weshalb ist etwas geschehen?
  *Ziehen Sie eine Zigeunerkarte, um die Antwort zu erhalten.

Bei Interesse an Seminaren und Fernkursen –

Kartenlegen leicht erlernbar

- Madame Lenormand leicht erlernbar
- Tarot leicht erlernbar
- Kipperkarten leicht erlernbar
- Zigeuner-Wahrsagekarten leicht erlernbar

Autorin Britta Kienle

Liebe Leserin, lieber Leser,
das vorliegende Lehrbuch bietet Ihnen einen Leitfaden für den professionellen Umgang mit Karten. Jeder Mensch ist ein Individuum. Dies bedeutet unter anderem, dass jede/r Kartenleger/in im Laufe der Zeit sein oder ihr persönliches System entwickeln wird. So gibt es kein allgemein gültiges Rezept, wie oder womit Sie Ihre Beratungen durchführen können. Daher kann seitens des Verlages oder der Autorin für sich eventuell ergebende Fehlinterpretationen oder Fehlberatungen seitens der Leserschaft keine Verantwortung übernommen werden.

Übersicht: Brittas bewährtes Lehrsystem

Der große Selbstlernkurs - Grund- und Aufbaukurs

Als Hobby, Neben- oder Hauptberuf
NEU:
Der große Selbstlernkurs

Das große **Übungsbuch** zum Kompaktkurs, Fernkurs, **großen Selbstlernkurs** und zu den Lehrbüchern I-III

Empfehlenswerte Zusatzbücher zum Selbstlernkurs

Interpretationshilfe

Kombinationen auf einen Blick

Legesysteme mit Fallbeispielen

Professionelles Kartenlegen

Hilfsmittel, Tipps
Techniken, Fakten
und Tricks
zur Selbständigkeit

Grundstein für eine eigene Existenz als Kartenleger/in

Ratgeber&Übungsbuch für professionelle Beratungsgespräche
Kartenbilder und ihre Deutungen

Ergänzungsbücher zum Kartenlegen

Genaue Analyse der Tagesstimmung
Stimmungsbuch plus Karten

Die Frage nach der Ursache „WARUM?
Zigeunerbuch plus Karten

WIE soll ich reagieren?
Ergänzungsbuch plus Karten